自閉症者家長實戰手冊

危機處理指南

楊宗仁、張雯婷、江家榮　合譯

Parent Survival Manual

A guide to crisis resolution
in autism and related
developmental disorders

Edited by
Eric Schopler

University of North Carolina School of Medicine
Chapel Hill, North Carolina

謹將此書獻給

與自閉症障礙搏鬥成功的家長們

主編者簡介

　　美國及全球各地國家都非常地稱讚艾力克・蕭卜勒及其醒趨方案（TEACCH）（譯註：醒趨是取其醍醐灌頂之意）。蕭卜勒博士是北卡羅萊納州大學教堂小山分校的精神醫學及心理學的教授。他也是《自閉症與發展障礙期刊》（*Journal of Autism and Developmental Disorders*）的多年主編，同時也是美國自閉症協會的專業人員顧問委員會的委員與前任主席。此外，他也是美國專業心理學家協會認證的臨床心理學執業醫生，與美國心理協會第三十七小組委員會的會員。

譯者簡介

楊宗仁

學歷：美國加州柏克萊大學與舊金山州立大學特殊教育學博士

現職：國立台北教育大學特殊教育系副教授兼教學發展中心主任

專長：自閉症介入

出版：行為與情緒評量表（修訂）、自閉症青少年「執行功能」系列研究、自閉症者家長實戰手冊：危機處理指南（合譯）、亞斯伯格症者實用教學策略：教師指南（譯）、亞斯伯格症：教育人員及家長指南（合譯）、自閉症學生的融合教育課程：運用結構化教學協助融合（合譯）、做‧看‧聽‧說：自閉症兒童社會與溝通技能介入手冊（合譯）（以上均為心理出版社出版）

江家榮

學歷：國立台灣師範大學特殊教育學系學士
國立台灣師範大學特教研究所碩士
美國德州大學特教研究所博士

經歷：台南市立延平國中特教班專任教師兼任普通班輔導老師、台北市自閉症巡迴輔導教師

張雯婷

學歷：國立台灣師範大學特殊教育學系學士、美國華盛頓大學特教研究所碩士

經歷：幼稚園特教教師、國小特教教師、台北市自閉症巡迴輔導教師、台北市情緒行為問題專業支援教師

現職：台北市立懷生國中特教教師

推薦序

　　本書是艾力克・蕭卜勒（Eric Schopler）和他的團隊三十多年來辛勤工作，累積寶貴資源的結果。早期，他們是孤寂的開創先鋒，現在，這些領導者的影響力遍及科威特、印度和日本。令人難以置信的是，不久之前將父母視為共同治療者的觀念是如此具有革命性與爭議性，現在卻認為是如此平常，合乎人性與顯而易見的。自閉症子女都已成為中年人的家長們，深深地記得家長被認為是孩子問題根源的感受，那時不認為家長有助於解決孩子的問題。一九七一年，當艾力克・蕭卜勒於《自閉症與兒童精神分裂期刊》（*Journal of Autism and Childhood Schizophrenia*）上形容我們是孩子的「共同治療者」時，就肯定與強化了我們多年來的所做所為。當醒趣（TEACCH 譯為醒趣，取其趨向醍醐灌頂之意）開始發展新的方法來協助自閉症兒童──這也就是革命性之所在──並確實地將這些方法教給家長時，我們就可以開始療傷止痛了。

　　本書看起來似乎是，也應該是平凡無奇的，事實上卻是家長與自閉症長期相處不斷面臨挑戰，所發展出來的創意解決方案。對我來說，這些方案更像是一種奇蹟。本書的九章內容不只提供了絕佳的建議，以處理與自閉症者生活會發生的各種困難，同時每一章的內容也闡述了醒趣的基本原則：家長與專業人員之間的合作。醒趣小組的工作人員也在每個解決方案之後加上評論，分

析它們如何解決問題以及為何有效的原因。並將它們連結到自閉症更廣泛的議題上。《自閉症者家長實戰手冊》是家長與專業人員之間相互尊敬與信賴的合作結果。當這些解決方案被視為是理所當然不再是奇蹟時，我們就進步了。

克拉拉・派克（Clara Claiborne Park）
麻薩諸塞州威廉斯城（Williamstown, Massachusetts）

譯序

　　一九九七年回國後，一直從事與自閉症有關的教學工作，時常與自閉症兒童的家長及教師接觸，大家常常會問要如何來幫助他們的孩子與學生，而簡短地回答常不能滿足家長與教師的需求，長篇大論又有時間上的限制。因此，極想自己寫一本教育自閉症者的實用書籍，但談何容易。幾經尋找，發現舉世聞名的醒趨小組（TEACCH）創始人，北卡羅萊納州大學蕭卜勒（Eric Schopler）教授所寫的自閉症者家長生存手冊早已完成我想做的事情，蕭卜勒教授經由十多年與家長的晤談與廣泛的資料搜集，將家長教育其子女的成功實例，分門別類整理出來，並由理論與實證的角度分析成功的原因，必要時亦提出可行的替代方案，此書已成為教育自閉症者的經典之作。

　　因為張雯婷與江家榮曾經擔任台北市自閉症巡迴教師，因而與他們常有交流，並進而合作翻譯此書，此書是我們三人長達二年密切合作的結果，並由我負責最後譯稿的潤飾，如有任何缺失，應由我承擔。希望此書的翻譯能有助於解決自閉症者家長與教師所面臨的問題。此外，要特別感謝心理出版社協助取得翻譯版權，並給我們機會翻譯此書，更感謝林怡君小姐不耐其煩的一再校對譯稿，大幅地提升了本書的譯稿品質，在此謹致上最高的敬意與謝意。

楊宗仁

謹識於國立台北師範學院特殊教育中心

二○○三年六月九日

感謝詞

醒趨（TEACCH）的各種活動深深受惠於自閉症者家長的合作參與，他們讓我們對於自閉症問題有新的見解；即使如此，我們仍認為本書中家長的貢獻更是獨一無二且彌足珍貴。許多家長及部分專業人員就各種行為問題，提出非常有趣又有效的解決之道；他們用三百五十個實例與其他家長和有興趣的專業人員分享。有些實例是由不知名人士所提供；而有些則要求不公開他們的姓名，因此，我們很難一一向所有人獻上我們的感謝。於此，我們非常感謝所有貢獻創意解決之道的人，也同時感謝他們的毅力及對他人的幫助。與這些家長合作鼓舞我們持續不斷在職場上服務這些孩子。

我們也要特別感謝醒趨小組的工作同仁，他們協助我們編輯、分析許多章節。感謝瑪莉・貝理斯多（Marie Bristol）不厭其煩地打電話通知大家開會，特別是幾次與美國自閉症協會（Autism Society of America）、北卡羅萊納州自閉症協會（Autism Society of North Carolina）及密西根州自閉症協會（Autism Society of Michigan）的集會；她同時協助審核那些由羅達・藍地拉思（Rhoda Landrus）、瑪格麗特・南思（Margaret Lansing）、李・馬可仕（Lee Marcus）與布魯斯・謝佛（Bruce Schaffer）所編輯與分析的章節。上述這些治療師們貢獻他們與自閉症者相處的見地與了解，並且在繁重的醒趨小組工作之外，仍投注許多時間參

與我們的工作。我們要特別感謝愛麗斯・威瑟蒙爾（Alice Wertheimer）的貢獻，她在第九章寫出身為家長與先鋒的開創經歷，並運用她個人對家長的需求，做出異於常人的奉獻與熱情，最後整合出第九章裡完善的資源指南（譯註：為服務台灣的讀者，本書原美國的資源指南置換為台灣自閉症醫療資源清單）。安・貝斯福德（Ann Bashford）和維奇・威佛（Vickie Weaver）以他們慣有的能力、合作及效率，負責打字及種種電腦的複雜事務。約翰・斯威特南（John Swetnam）和克莉絲汀・雷岡（Christine Reagan）提供初始的編輯及技術支援。蘇珊娜・歐爾（Suzanne Orr）則以其完美的效率完成每章冰山比喻圖及圖片內容，並負責大部分草稿編輯的準備工作。安索尼・阿爾威瑞日（Anthony Alvarez）直到最後的編輯階段仍然保持愉悅的心情。克蘿・羅基（Carol Logie）是我們最有經驗的教育心理治療師，她採用醒趣的方法，於冰山比喻圖上整合了行為與認知理論，並把它當做一個有用的教學設計。

美國自閉症協會、北卡羅萊納州自閉症協會及密西根州自閉症協會給與我們特別的協助，以找出家長的故事及社區資源。我們感謝他們的專業及合作。由於北卡羅萊納州大學的醫學院及北卡羅萊納州議會的贊助才使得我們的工作有可能於精神醫學系的醒趣小組中完成。艾力克・蕭卜勒（Eric Schopler）於十年前首先提議撰寫本書，但他低估了出版過程會有的延誤，同時也應該對所有編輯上的缺失負責，這些缺失可能並未被家長及其同事檢查出來。

醒趨小組（Division TEACCH）

北卡羅萊納州大學醫學院

（University of North Carolina School of Medicine）

北卡羅萊納州教堂小山

（Chapel Hill, North Carolina）

一九九五年四月

目錄

第三章 溝 通

第四章 遊戲與休閒

第五章　攻　擊

第八章　行為管理

第九章　社區支持

第一章

導論：家長及專業人員觀點的交集

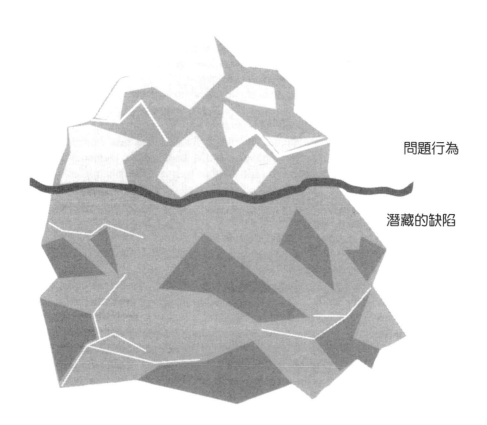

問題行為

潛藏的缺陷

　　當意識到家中新的成員可能有一些特殊問題，或者在溝通、社會性互動、其他方面發展遲緩時，對家人來說是一個震驚，而震驚之中又夾雜著問號：這個問題會持續多久？它將影響學習、朋友和家人之間的關係嗎？是輕度的還是重度的？它意味著什麼？可加以診斷、治療或治癒嗎？以上這些大家所關心的問題，會因家庭所要面對的挑戰不同而有所差異。其中一些問題可由學有專精的專業人員來回答，有些則與未來環境的不確定性有關，因而很難預測。雖然這些也是普通兒童家長所要共同面對的事情，然而，自閉症卻又使得某些事情與眾不同。

　　我們編輯這本書，與人分享處理這些嚴重問題與自閉症兒童的經驗。更重要的是，這些家長激勵了我們，給了我們靈感。他們一方面有效地與嚴重問題戰鬥，另一方面也想要知道未來何去何從。他們解決問題的方式常出人意表、具有創意並且巧妙非凡。有時，他們經由密切仔細的觀察，而對於孩子有了新的了解；有時，他們將觀察轉化成新的行為介入方式，專業研究人員也同步發現這些新的介入方式確實有效，足以用「經驗可說是最佳的老師」來形容。

　　本書中的軼聞故事，是我們六年來在全國和各州的家長會議及自閉症協會年度會議中蒐集得來的。在此期間，我們也同時對自閉症和其他有關的發展障礙兒童的父母做了問卷調查，以發掘最棘手的問題。這些問題包括攻擊、溝通、不尋常的行為和特殊的興趣、如廁的訓練、吃和睡的問題，以及遊戲和休閒的困難。雖然這些並不能涵蓋所有的問題，但它們最常為家長所提及，且

屢次出現在家長所陳述的軼聞故事中。

故事中部分的問題解決方法，在當時是最好且唯一可行的，但對其他的問題而言，以不同角度來看或加以解決也一樣有效。有時，我們會因為父母對於問題解決結果的熱忱因而收錄了這些故事，但我們也尋找其他的問題解決方法。我們發現所有的故事都富有教育意義、樂觀而且振奮人心——振奮人心是因為每個家庭都在處理一個特別的問題，一個不是他們自找的、也不是他們所導致的，更不是他們活該要承受的問題。當然，他們有效地、樂觀地、有活力地和真誠地來處理這些問題。他們也有難熬的時光，尤其是他們在帶這些孩子，想到「我怎麼這麼倒楣？」時。但在大部分的時間，他們都做得很好，就像從惱人的沙中掙脫出來的一顆珍珠，這些故事正好可以激勵處在類似困境中掙扎的人。

這本手冊希望能讓讀者有機會讀到這些家長的故事，並對每一則故事加以詮釋，詮釋的重點在於問題行為的辨認與觀察，及推論引發問題行為的原因，然後說明介入或環境調整的創意所在。介入必須是人道且對孩子有用，同時，也要適應個別家庭的生活型態，並能反映出目前可得的最佳資訊。通常，家長介入背後的理論常與專業治療師介入背後的理論是一致的。我們非常希望讀者能具理性、同理心和好心情，受益於這些家長和專家的共同智慧。這些故事能提供具體的建議讓讀者面對許多棘手的情況。更重要的是，它們也將激勵出更多的點子、想法，以因應你的孩子所帶來的挑戰。我們不對任何介入方式或書中的故事背書，我們也不建議你以本書來取代專業人員的協助。對於嚴重的

或高危險性行為的處理，我們當然建議你尋求專業人員的協助。

　　本章首先導論書中故事所提到的自閉症或自閉症兒童的定義。接著說明我們和家長與專業人員合作的背景，並將各種處遇的技術和原則進行優先順序的排列。最後，我們對這些故事／本書內容和使用方法加以說明。

　　我們希望提供你一個起始點，以便你理解與解決家庭所面臨的特別挑戰。截至本書出刊為止，尚無為人所知的方法能治癒自閉症及其相關的問題，但一定有減少每個孩子的問題及促進發展、增進學習的方法。此時，讓你學到目前最先進的知識是很重要的。雖然如此，不管你讀了多少，最好的知識是來自於你教養孩子的經驗。這本書謹獻給那些能夠激奮人心且願與人分享的人。

與自閉症有關的定義

　　坎納（Kanner, 1943）被認為是第一個在精神醫學文獻上描述自閉症的人。他所提出的一些自閉症重要特徵得到許多研究的證實，並寫在一九九四年的美國精神醫學協會的《診斷與統計手冊》（*Diagnostic and Statistical Manual*）第四版上（DSM-IV）。《診斷與統計手冊》第四版認為自閉症在三個重要的領域出現問題：社會性互動、溝通，和刻板行為或狹窄的興趣。一個人要被鑑定為自閉症，必需要在三個領域共十二個鑑定標準中，符合其中六個標準，至少其中兩個為社會性互動缺陷，且溝通及刻板行

為領域至少也要有一個符合鑑定標準。

社會性互動領域的四個標準為：

①在運用多樣的非口語行為上有顯著的缺陷。

②無法發展出適合其年齡的同儕關係。

③無法自發性地與人分享興趣和成就。

④及缺乏社交的或情緒的相互作用。

溝通領域的五個標準為：

①口語發展遲緩或缺乏，且沒有其他替代性溝通方法。

②顯著的會話技巧障礙。

③刻板及重複性的語言。

④缺乏適合其年齡的自發性想像或社會性模仿遊戲。

刻板行為的四個標準為：

①偏好一種或多種刻板且狹窄的興趣，而不論就興趣的強度或興趣的集中度來說都是不正常的。

②毫無彈性地執著於特定的、非功能性的日常事務或者儀式。

③刻板且重複的動作習慣（例如：拍手、扭手、扭手指、全身抖動）。

④對於物品的各種附件有著持久的偏好。

除了要符合其中的六個標準外，也必須在社會性互動、溝通

或想像遊戲之中有一項遲緩，且需在三歲之前發生。當只符合部分自閉症診斷的標準，便可能會歸類為「廣泛性發展遲緩」、雷氏症、兒童崩解症，或亞斯伯格症。本書中的故事人物，都符合至少其中一個診斷類別。

雖然診斷提供了症狀重要的描述，但並未指出哪些學習特徵為某位兒童帶來障礙，但對另一個兒童卻沒有，這些特徵包括理解、語言表達、注意力、抽象概念、缺乏組織力，以及對沒有興趣的事物記憶力差等問題，而自閉症認知功能上的相對優點則在他們的特殊興趣、機械式記憶，和良好的視覺空間感。同樣地，自閉症者的社交性也是被研究的主題，包括相互注意力、注意力的轉換、社會性的依附、分享了解、輪流、維持一個會話主題，和社交線索的解讀，例如語調、面部表情，和口語的韻律等能力，同時，必須了解每個孩子的缺陷和優勢。而在怎樣的情境中這些特徵會被展現出來，也是一樣重要的，例如：當一位教師用大聲的指令來教導時，毫無效果；但另一位教師卻能利用視覺性課表引起兒童的注意力。這本書中的小故事反映出對每位孩子最佳的了解，以及問題發生時的情境和前因後果，故事中的家長都能熟練地運用環境的改變，以產生有效的解決方式。

背景

我們花了三十年發展第一個、也是唯一的全州性自閉症與溝通障礙兒童的處遇與教育小組（TEACCH，譯為醒趣），這本手

冊即源自於醍趣的廣泛性課程逐漸累積而成的。這個以大學研究為基礎的課程誕生，主要是要導正大家對自閉症的誤解和誤導，這些誤解和誤導來自於佛洛依德的學說，並依其學說形成的社會政策（Schopler, 1993）。當時，人們認為自閉症是因為兒童被父母下意識的敵意與拒絕而產生的退縮現象，這些父母被認為有強烈的理性與冷漠的特質。因此，治療的選擇便是將這些孩子從父母的身邊帶走，將他們安置在精神病院或住宿學校，排除在公立學校的體制之外。在早年發展醍趣課程時，我們的研究和臨床經驗證實這些信念是錯誤的，自閉症其實是起因於複雜的生理因素，而非從不當的父母教養態度中產生的社會性退縮，父母非但不是自閉症的起因，反而是復健治療不可或缺的一部分。專業人員需要家長的合作，以有效地界定並實施個別化的處遇，我們很早就學到，無論他們住在都市或鄉間，透過家長和公立教育體系，孩子們可受到最大的幫助。（Schopler & Reichler, 1971）

家長與專業人員的合作

為了治療並教育自閉症或類似障礙兒童，在發展全國第一且唯一的全州性和廣泛性的課程時，我們很快就學到在處遇方案和研究的發展上，家長的觀點對於專業人員是最重要的。這代表了一種平等的合作關係，也就是說，專業人員從家長那兒學得並運用他們教養孩子的獨特經驗。而身為專業人員，我們提供家長特教領域中的知識，和我們對許許多多孩子的經驗，家長和我們合

作決定課程的優先順序，並把焦點集中於公立學校課程、臨時托育、夏令營、成人之家、支持性就業、學前教育和其他議題的討論上。

　　不論是從整體的或家長的角度來看，都告訴我們要採取通才的跨領域訓練模式。這代表我們期望訓練者，無論是社工員、教育者、心理師、語言治療師、精神醫師或其他人員，都要有足夠的實用知識去處理自閉症所引發的各式各樣問題，而不是只有專業養成學校中所學的特定角度而已。除了家長與專業人員合作的重要性之外，我們從家長的觀點學得關於自閉症的重要課題，並將它們歸納為以下六大實作準則。雖然這些準則是由專業人員所歸納，但家長及他們提供的故事皆能直覺地表達出這些準則。

1. **適應**：我們發現自閉症通常需要一輩子的奮鬥，我們並未支持任何盛名學者和基金會所推薦的療法，也沒有積極地尋找一種治癒自閉症的方法，這並不代表我們什麼都沒有做。相反的，我們相信我們的任務是使每個人好好地適應目前的生活。有兩種方式可以達到這個任務：第一，以目前最佳的教育方式，來增進個案所有的生活技能；第二，針對個案持久性的障礙來調整環境。我們需要以上兩種方式來強化個案的適應力。

2. **評量**：謹慎地評估每個個案，包含老師、父母與其他專業人員對孩子正式的評估（採用最佳且最適當的測驗），和非正式的評估（採用最佳且徹底的觀察）。換句話說，我們需要對孩子的學習／行為問題和優點有最佳的了解，以確定什麼才是最佳的個別化處遇，這個觀察的過程在以下章節中都會描述。

3. **結構化教學**：大部分的自閉症者都有某些學習上的困難及優勢。他們在安排自己的生活、透過聽覺學習和長期記憶方面都有困難，特別是他們沒有興趣的事。另一方面，他們有特殊的記憶能力、特定的興趣和處理視覺資訊的優勢，這些技巧可被有效地用來教導他們獨立及學習。視覺性的結構不僅能夠提升其獨立和學習，也能幫助他們理解家庭、學校和工作場所之間的關係。同樣重要的是，結構化教學能防止問題行為的發生，而這些問題行為常根植於不良的溝通和挫折感，我們將在以下討論少數無法以結構化教學加以解決的行為。發現自閉症者常有的視覺優勢，是來自於專業人員的親身經驗。

4. **既有技能提升的優先性**：最有效的教學取向是利用和提升既有的技巧，同時也要去發現並接受那些需要加以改善的缺點。此一取向，不僅對教導自閉症兒童和成人很重要，對家長、工作人員和專家也很重要。

5. **行為理論及認知理論**：最有用的教育介入和行為管理是奠基於行為理論及認知理論。這與精神分析及類似的理論不同之處，在於行為理論和認知理論可用實際研究及可靠的資料來加以驗證。認知理論根據個體的發展情形，可以將個別差異納入考量，舉例來說，當我們教導自發性的溝通行為時，我們會以兒童已有的溝通能力為基礎，也許是他的身體動作，或是物體、圖片／語言的使用。我們分析他的溝通意圖，也許是要求的意圖、或者要人注意、或拒絕、或給與、或尋求支援。我們也分析其語意，並考量溝通發生的情境。因此，我們會在熟悉

的情境中，如家裡或教室教他新字；而在新的環境中，像是遊戲場或外婆家則教他舊字。

　　另一方面，我們也使用行為理論，並在後面幾章以冰山的比喻來說明行為理論。在本書中的故事裡，家長及老師也常應用這些行為理論。

6. **通才的模式**：無論是哪一個領域出身的專業人員，只要是對教育自閉症者有興趣，他們都應該被訓練成通才。換言之，無論他所受的專業訓練為何，我們期望他都要能夠處理自閉症所引發的各種問題，使得他們能夠對孩子負責，並在必要的時候轉介給適當的專業人員。同樣地，也以這個模式傳達給家長一個觀點：我們認為家長是孩子的萬事通，無論其孩子是否特殊。

處遇的選擇

　　就第一次面對自閉症的家長而言，對於現有處遇的選擇，是既繁多又昂貴，過去十年來，已經在報章雜誌和專業的刊物上報導過眾多的治療或處遇的概念，表 1-1 雖列出兩打以上的療法，但仍未窮盡。

表 1-1　自閉症療法

嫌惡刺激（Aversive）	回歸主流（Mainstreaming）
聽覺訓練（Auditory training）	大量維他命（Megavitamin）
舞蹈（Dance）	音樂（Music）
去機構化（Deinstitutionalization）	型態（Patterning）
發展（Developmental）	藥物治療（Pharmacotherapy）
海豚療法（Dolphin）	啡噻咁（Phenothiazine）
電擊（Electrocoonvulsive）	物理治療（Physical）
協助式溝通（Facilitated communication）	遊戲（Play）
Feingold 食療（Feingold diet）	馬療（Pony）
氟苯丙胺（食欲減退劑）（Fenfluramine）	心因論（Psychogenesis）
擁抱療法（Holding）	感覺統合（Sensory integration）
密集行為（Intensive behavior)	手語（Signing)
圖示法（Logo)	口語（Speech)

　　瑞姆蘭（Rimland,1994）曾言及一百種以上的處遇法，其中包括三十種藥物。這些處遇法常常是由目睹孩子奇蹟式進步的家長所興奮宣告的，不但是家長企求的療法，也是希望能因找到治癒自閉症的療法而帶來名利的專業人員所企求。然而，前往科學驗證的道路常充滿著錯誤的期望，這些療法常常只是成功行銷和媒體的產物，事實上並未達到所欲的效果，而常流於一時的熱潮。有些療法更被提升至意識形態的層次，並轉化為社會政策，而冒著產生非預期負面結果的危機，以下將討論的精神分析理論（psychoanalytic theory）和協助式溝通（facilitated communication）就是其中的兩個例子。

　　如果我們知道如何預防或治癒自閉症，以下療法的討論就多餘了；但正因為我們不知道如何做才好，因此每個和自閉症奮鬥的家庭，就要實施各種不同的方法，以求有所改善。美國自閉症協會也在他們的會旨中接受現況，並讓家長選擇其優先順序。這些選擇會依家庭的生活型態、居住地及可得的專業資源而有所不同。

精神分析理論

　　我們之前已經提過用精神分析理論來解釋自閉症所造成的誤解和痛苦。依照這個理論，自閉症的孩子們經常被拒於公立學校之外，而且被迫與父母分離，進行隔離式的安置。當孩子們被排斥於社區生活之外時，常會有貶低父母的無謂情形。現在，大家已知道由於對自閉症的誤解，才會有這種療法出現。人們誤以為自閉症是一種情緒障礙，而非大量實際研究所證實的神經生理上的錯亂。然而，在歐洲的某些國家，即使證明以精神分析法治療自閉症是錯誤的，它仍占有優勢的地位。舉例來說，法國大約在十年以前，除了精神分析法以外，沒有任何其他方法存在。有趣的是，即使在這樣不受歡迎的情形之下，有些家庭仍然相信運用精神分析法，他們的孩子會有很大的進步。這顯示了即使是一個能產生災難結果的錯誤理論，在沒有其他的選擇情況下，有些人仍能進步。協助式溝通（facilitated communication）是另外一個例子，如同精神分析理論，能產生潛在的誤解及傷害。

協助式溝通

協助式溝通（facilitated communication, FC）是十多年前由澳洲的羅斯瑪莉（Rosemary Crossley）發展出來的，她是一位語言治療師，當時正在治療一些被認為是智障的腦性麻痺患者。當患者將訊息打出字來與人溝通時，治療師或「協助者」（facilitator）穩定患者的手或手臂，經由這樣的過程，個案傳達出很有深度的訊息，接著便宣稱那些重度障礙患者有著出人意料的高智能。一群澳洲審查學者並沒有發現那些被診斷為腦性麻痺或自閉症者擁有高智能，這群學者甚至強烈懷疑這種「協助式溝通」是來自於協助者而非患者本身。在澳洲，由於研究和獨立討論的結果，協助式溝通不再歸因於不尋常的治療力量，而是數種溝通輔具中的一種。同時，一個美國特殊教育教師道格拉斯・拜肯（Douglas Biklen, 1991）從澳洲回去後，便宣稱協助式溝通對於理解與治療自閉症是一個新的突破，他和他的追隨者更宣稱超過90%的自閉症患者已經突破他們的溝通障礙。然而，一個接著一個的研究指出，溝通是來自於協助者，而且當協助者持續地知道問題為何時，是無法產生任何有意義的溝通的（Green & Shane, 1994）。當協助式溝通的倡導者遇到像這樣的研究事實，他們總是不經意地忽視這些實驗研究，因為他們認為這違反了信任與忠誠的關係（譯註：指研究人員與個案之間未建立彼此信任的關係，因此個案無法傳達出他們的訊息），而這些關係正是協助式溝通成功的基石。

　　儘管出現這些嚴厲的批評，但不令人意外的，很多父母目睹
他們的孩子第一次表達對他們的愛，不論這些訊息從何而來，他
們對協助式溝通感到興奮且感激。不幸地，當一種技術超越了實
驗研究而被販售於市場上並推廣時，許多不能預期和昂貴的副作
用開始發生了，因為協助式溝通的倡導者否認了實驗研究的用
處，所以他們無法對特定的孩子選擇最適合的另類溝通方式。有
些協助者被派去幫助不會說話，但可以自己打字的孩子；有些則
被派去引導語文能力良好的兒童打字，但這些兒童需要的是口語
表達的協助。這些兒童被剝奪了選擇最佳的另類溝通機會，包括
在電腦、圖卡、符碼系統、符號指示桿（symbol pointer）和其他
溝通輔具的選擇。

　　另一個協助式溝通狂熱，其副作用更具破壞性，即在美國與
歐洲逐漸增加的訴訟，只基於協助式溝通下的證據就控告父母對
孩子進行性侵害，對這些家庭造成了不可抹滅的傷害，雖然法院
一成不變地駁回了協助式溝通下所產生的證據。

　　協助式溝通和精神分析（psychoanalysis）相似的是，它們都
是基於未被證實的理論，他們的倡導者也都否認實驗研究的關
聯，且兩者都宣稱無身心障礙之個體內在的情緒或社會性壓力，
正等待著機會釋放出來。兩個理論都被利用來責備父母或照顧者
對兒童進行下意識的虐待或者性虐待，然而，兩個理論卻已經說
服一些家長及專家，這些人曾經在某一個案身上親睹療效的發
生。

　　這本手冊無法一一評論表 1-1 中的每種療法，但我們可以強

調他們的共通之處：

1. **好點子**：兩種概念或方法對發明者或共事者似乎都是一個合理的好方法。有時候這個方法我們可以用來矯正另一個問題，就像是協助式溝通用來治療腦性麻痺，或者以特別的技術來增加正確療法的內涵。但是，不論來源為何，發明者相信將這個方法應用在全體自閉症患者是值得的。

2. **傳奇式治癒**：時常有一個或一些個案出現看似驚人的進步，便宣稱治癒了。但因為這是一個單獨的事件，確切進步的原因並不清楚，可能是因為其他因素，包括自發性的行為變化。這些早期的成功傳聞受到飢不擇食的媒體、流行雜誌和專業期刊的青睞。激情常使得該療法過早推廣，而產生早期療效與最終療效之間的混淆。

3. **有限的成效**：由於媒體對於探索性研究的過度關注，使得為數不少的研究者爭相尋找經費來複製宣傳中的奇蹟。由於受到宣傳與期望的激勵，這些複製研究通常奠基於不可能的假設，也缺乏足夠的理論基礎。無論如何複製，沒有單一療法對所有甚至大部分的自閉症兒童有效。

4. **代價與副作用**：持續使用某一療法的結果是所費不貲，而且有副作用，這些結果並未被早期療效衝昏頭的始作俑者想到或預見。

5. **無效的原因**：常發生該療法無效的情況有

   (1)當理論被廣泛地接受，卻無實證研究支持，且創始者也未求證於實證研究時。這顯然是精神分析與協助式溝通的情

形。

(2)**當所得到的實證研究不足以支持所宣稱的療效時。**在一些飲食療法和聽覺訓練中，成效評估可能是九個月後才進行。在飲食療法的例子中，可能是其他的飲食成分導致改變。舉例來說，要使食療有效，通常整個家庭要有很規律的飲食習慣。至於聽覺訓練，通常對於特定聲音的敏感度並未改善，而是有多種可能因素導致行為的改善，包括更加結構化的聽力訓練療程。

(3)**當治療程序變成政治意識形態，它加壓於所有人身上，不論他們喜歡或不喜歡。**舉例來說，有時因班級整合的需求，而進行的完全融合（total inclusion），對部分人是適當的，但對另一部分人是相當負面的。去機構化有助於整頓混亂的機構，但卻製造出日益增多的街頭游民，這些是意識形態者沒有呈現出來的。簡言之，當處遇轉化成政治意識形態時，對某些人可能有其效果，但也忽視了其他人的需求。

　　表 1-1 中大部分的療法沒有精神分析和協助式溝通那樣的高花費和副作用。因為沒有一個療法或者處遇對於所有自閉症都有效，所以家長必須根據家庭所在地、可得的資源，和孩子的個別需要，挑選出對他們的孩子最適合的方法。他們可以閱讀資料、諮詢社區中的專業人員，或聯絡第九章所列的家長團體中的專業諮商員（譯註：第九章原美國資源手冊已置換為台灣醫療資源清單，

有需要的讀者可自行與該單位連繫）。無論一個家庭選擇使用哪一種療法，他們都要處理他們要面對的特別行為問題與挑戰。雖然本手冊大部分所提供的解決方法都是由單一家庭提供的，但有些是反覆地被不同家庭所提出的。另外，有些小故事非常適用於多處章節，而且可以交互參照。提供資訊的家庭和我們都不認為有解決方法是唯一有效的，然而，我們希望他們將帶給你想法和激勵，以解決一些自閉症帶來的特殊問題。

章節導引

三十年來，醒趨課程的經驗告訴我們，採取社區本位方案的治療概念來進行行為問題的矯正和預防，其效果是最穩定的。我們特別強調在家中、學校，及工作環境中因地制宜來使用視覺結構。即使如此，有些問題行為有時還是會發生。圖 1-1 用冰山來作比喻，讓我們更容易了解這些問題行為。這個冰山喻示攻擊行為，水面上是一些特定的行為像是推人、打人、咬人、丟東西等，看不見的水面下則是引發攻擊行為的各種自閉症缺陷或者其他觸發因素，包括不佳的社會判斷力、未察覺到自己或他人的情緒、錯誤的感官知覺、有限溝通能力導致的挫折、不適當的互動等。仔細觀察目前與過去的情境所發生的行為，通常可以找到最佳的解釋。舉例來說，五歲的比爾不斷的打老師和其他人，老師便思考也許這是因為比爾沒有任何的溝通管道來引起他人注意，才會打人。既然他不會說話，老師便教他，當他希望老師到他身

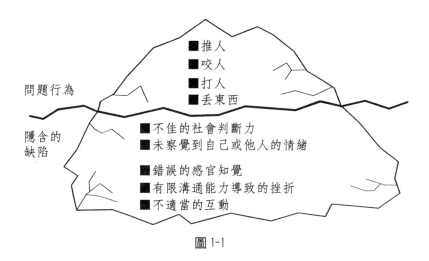

圖 1-1

邊時，要舉起老師的照片。在他學會使用照片後，打人的次數逐漸減少，三星期後就不再發生了。溝通缺陷的解釋一針見血。如果打人的動作沒有減少，便得再尋找不同的解釋，進行不同的介入方案。

　　二至八章是由這些小故事所組成，包含了用冰山比喻攻擊行為的分析，每個小故事之後都有一段討論，由負責蒐集故事的醒趣成員執筆，包括了行為分析、導致問題行為的可能原因、行為改變／處理或預防的做法。有時會註明行為研究參考的出處。我們常常會發現父母創意的解決方法很接近專業人員的研究結果。部分參考文獻也提供了額外的閱讀書目，萬一讀者想要多了解特定主題時可讀。

有許多的小故事不只被安排在一個章節的主題中，同樣的，問題行為也可能用一種以上方式解決。如果我們的歸類顯得獨斷，那是為了讓讀者比較容易找到自己有興趣的主題。我們特別強調家長要細心觀察以理解你孩子行為的重要性，我們也提供例子，以說明如何找到適合你們自己生活型態的方法，以及如何減少或預防行為問題的發生。

每章的第一頁都有一個冰山，界定問題行為以及行為故事出現的頁碼，並且解釋水面底下所列的缺陷，這可視為該章的目錄。

第八章是一個行為處理的導引，這些行為並不能以我們目前討論的兩種方式來加以解決。綜論之，問題行為的預防可透過之前討論過的視覺結構及其適用的概念來加以解決。但如同一般孩子一樣，即使所有的預防性措施都做了，某些問題行為還是會發生。此時，絕大部分的問題行為可根據父母提供的小故事來加以解決及使用冰山比喻的思考模式來加以處理。

至於少數的問題行為不能用以上這兩種方法來克服時，第八章中列出更傳統的行為改變技術的大要，包括各種代幣系統、區別性增強、消弱、暫時隔離，與社會性增強等。

在第九章中，我們摘要出一些組織社區支持的理由與方法，愛莉絲・威瑟蒙爾（Alice Wertheimer）提供了簡明的摘要，描述她如何發現有類似家長支持的重要性，她回顧在北卡羅萊納州教堂小山（Chapel Hill）的家長們如何組織團體，包含他們的資源指南，列出對自閉症友善的餐廳、牙醫和其他的行業。也列有各

州與全國的協會，包括美國自閉症協會專業人員顧問小組（Professional Panel of Advisors for the Autism Society of America）（譯註：美國自閉症資源已更換為台灣自閉症資源清單），以及相關書籍與出版品。

總而言之，我們蒐集了家庭處理各種由自閉症引發問題的成功故事，我們教導父母解決問題的歷程，並與一些相關的研究作連結，然後我們將支持從個人擴展到政府地方單位、州協會與全國性組織，這些資料展現了行動的過程，這樣的過程也許能激勵自閉症圈中的人們，找到未來可證實為有用的新經驗。

參考書目

American Psychiatric Association. 1994. *Diagnostic and Statistical Manual of Mental Disorders* (4th ed.). Washington, DC: Author.

Biklen, D. (1991). Communication unbound: Autism and praxis. *Harvard Educational Review, 60,* 291–314.

Green, G., & Shane, H. C. (1994). Science, reason, and Facilitated Communication. *Journal of the Association for Persons with Severe Handicaps, 19,* 151–172.

Kanner, L. (1943). Autistic disturbances of affective contact. *Nervous Child, 2,* 217–250.

Mesibov, G. B. (in press). Division TEACCH: A collaborative model program for service delivery training, and research for people with autism and related communication handicaps. In M. C. Roberts (Ed.), *Model Programs in service delivery in child and family mental health.* New York: Plenum Press.

Mesibov, G. B., Schopler, E., & Hearsey, K. A. (1994). Structured teaching. In E. Schopler & G. B. Mesibov (Eds.), *Behavioral issues in autism* (pp. 195–210). New York: Plenum Press.

Rimland, B. (1994). Facilitated communication: What's going on? *Autism Research Review, 6,* 4, 2.

Schopler, E. (1993). Anatomy of a negative role model. In G. Brannigan & M. Merrens (Eds.), *The undaunted psychologist* (pp. 173–186). New York: McGraw-Hill.

Schopler, E. (1994). A statewide program for the treatment and education of autistic and related communication handicapped children (TEACCH). *Child and Adolescent Psychiatric Clinics of North America 3(1),* 91–103.

Schopler, E., & Mesibov, G. B. (1987). *Neurological issues in autism.* New York: Plenum Press.

Schopler, E., Mesibov, G. B., & Hearsey, K. (1995). Structured teaching in the TEACCH system. In E. Schopler & G. B. Mesibov (Eds.), *Learning and cognition in autism* (pp. 243–268). New York: Plenum Press.

Schopler, E., Mesibov, G. B., Shigley, R. H., & Bashford, A. (1984). Helping autistic children through their parents: The TEACCH method. In E. Schopler & G. B. Mesibov (Eds.), *The effects of autism on the family* (pp. 65–81). New York: Plenum Press.

Schopler, E., & Reichler, R. J. (1971). Parents as cotherapists. *Journal of Autism and Childhood Schizophrenia, 1,* 87, 102.

Schopler, E., & Reichler, R. J. (1972). Parents as cotherapists. In S. Chess & A. Thomas (Eds.), *Annual progress in child psychiatry and child development* (pp. 679–697). New York: Brunner/Mazel.

Watson, L., Lord, C., Schaffer, B., & Schopler, E. (1989). *Teaching spontaneous communication to autistic and developmentally handicapped children.* Austin, TX: Pro-Ed.

第二章

反覆性行為與特殊興趣

問題行為

潛藏的缺陷

不僅在坎納（Kanner, 1943）最初的報告，就連美國精神醫學協會每一修訂版的《診斷與統計手冊》（1943），也都採用反覆性行為與特殊興趣來定義自閉症者的主要特徵。似乎在壓力下或者受到壓力驅使時，自閉症者以及其他類似情形者會進行反覆性的行為，想要將活動以一定的方式進行，當這樣的規律性受到阻撓時，他們就會感到焦慮、不悅，導致行為問題更為嚴重。

　　這類行為和特殊興趣會以各種形式出現；同時，也會隨著發展階段而有所改變。在早期發展階段時，刻板行為可能是拍手、轉手指頭、轉動物品，以及一些知覺上的怪癖，像是喜歡過度地舔、聞或製造奇怪的聲音。

　　發展至另一個階段時，迷戀行為可包括排列物品，反覆開關電燈按鈕，或者表現出對某種物品，例如繩子、釘子、橡皮管或玩具的依附，也可能對玩具的某個部分特別感到興趣，像是玩具的輪子，卻不會注意到整個物體。

　　到達更高一層的發展階段時，過度性的興趣可能會和電話簿、生日、氣象報告、商業廣告有關。自閉症兒童可能會沈溺於更為複雜的興趣，像是精確地測量計算圖表、地圖或是狄更斯的故事書。多數人習以為常的學校作息改變或變化，比方說是教室桌椅擺設的方式，或是學校活動有所改變，都會造成自閉症兒童的苦惱。上述的這些行為都是我們於第一章提到的冰山一角上的部分例子，但並未包括所有的行為。這類行為很容易被我們察覺出來，但是若想了解箇中之機制，那麼了解個別兒童情況就顯得更重要了。

　　反覆性行為會出現在兒童覺得無聊或挫折的時候，尤其是在自閉症者或類似的發展障礙者人際溝通有問題時。有些研究資料顯示，這一類重複性偏好可能與生理化學結構有關（Breese, Mueller, & Schroedex, 1987）。

　　家長與專業人員對於了解和處理反覆性行為都感到困難。大多數的人都企圖想要以標準化的行為管理技術去減少這些行為，較少試著去了解誘發行為的機制是什麼，也較少去了解這些行為對於當事人有何意義。我們要注意這類反覆及特殊的興趣不只會製造行為問題，也能產生新的技巧、才藝以及工作習慣，並轉化成富有社會性與職業性的生產力。根據經驗，家長通常是第一個發現兒童特殊興趣具有正向意義的人，如此一來，便可找出介於社會要求以及兒童特殊興趣兩造之間的折衷辦法，同時，也可奠定兒童學習有利於社會活動的新技巧。本章將提供幾個家長敏銳且深思熟慮後的例子。

強迫及儀式性行為

　　強迫及儀式性行為意指某人不得不以完全相同的方式來做事。自閉症兒童似乎被驅使著非得那樣做不可，否則他們就會變得很挫折，如此一來便引發許多的麻煩，很有可能導致活動中斷或干擾居家作息。舉例來說，一名自閉症兒童想把在他身後的每一扇門關上，也喜歡關上他離開的每個房間電燈，即使還有人在房內。

強迫及儀式性行為讓家長們在公共場所感到困窘，進而導致家庭成員局限自己於某一活動範圍內。舉例來說，奧黛麗堅持上教堂時走相同的門，這樣的行為已經嚴重影響她的家人出席教堂作禮拜的次數，她的父親這樣寫道：

> 我經常想到教堂作禮拜，但是要與我十一歲的女兒奧黛麗同行實在有困難，在儀式進行中，她總是跑到教堂正中央的走道上，接著她就會跑出教堂，這樣的行為不僅嚴重干擾教堂儀式的進行，同時也顯現奧黛麗不尋常的行為——她總是經由她進入教堂的同一扇門離開教堂。某天我領悟到如何將這樣的自閉症行為轉變成有利於我，我發現如何讓奧黛麗由正後門走出教堂，卻不致影響任何人，其中的秘訣在於我們走哪一扇門進入教堂，奧黛麗就會從那一扇門走出教堂。所以，現在奧黛麗和我到教堂時，我們會經過停車場門口，然後坐在教堂正後門前面的角落位子，如果儀式進行到一半，奧黛麗突然跳起來，她便會由身後的門離開教堂而不影響到任何人，現在我可以隨心所欲地上教堂作禮拜了。

奧黛麗覺得需要從同一扇門出入。這種行為在家裡雖然不會造成問題，但在公眾場所顯然就是一個問題了，例如在教堂。奧黛麗的父親接受這樣的行為，藉由改變自己來配合奧黛麗，而不是想辦法改變奧黛麗的行為。由後門進出，奧黛麗可以保留她從同一個門進出的儀式性行為，且不會干擾到教堂的活動。

由於奧黛麗能在戶外安全地等待，所以上述方法是合適的，也符合她注意力短暫的特質，長達一小時的教會儀式，對她而言是難以忍受的。奧黛麗父親沒有懲罰這樣的違抗行為；相反地，他能同理教堂儀式所花費的時間已經超過奧黛麗的忍受範圍。

至於那些無法獨自安全離開教堂、更為年幼的兒童，家長則必須尋找一處能接納此行為並有附設學校的教堂，好縮短兒童待在教堂裡的時間，實行「中場休息」的離開動作；或者家長隨身攜帶一些玩具或其他東西，在兒童覺得無聊時逗弄他們。

這樣的真實案例顯示出特定行為影響家長上教堂的可行性，接下來即將描述的強迫性行為雖都常見，但卻對家庭成員參與各種社交活動的可能性造成衝擊。

現年五歲的傑斯朋，自從會走路之後，便出現強迫性行為——觸碰或操作每個他看到的開關、把手或按鈕。有一回參觀水族館時，他關掉整層樓的電燈，讓所有人處於一片漆黑中；還有一回，他讓百貨公司的自動電梯停止運轉。我想藉著打他、不給增強物、隔離，或面壁思過的方法，好讓他記取教訓、不再犯同樣的錯，然而，這些功夫都是白費，一點效果也沒有。之後，傑斯朋七歲時，一位觀察敏銳的學校老師察覺傑斯朋碰觸開關的行為並非屬於應受處罰的調皮搗蛋行為之一，可能是因為傑斯朋不了解開與關的正確時間與地點。於是，老師分配傑斯朋獨自負責在特定時間打開或關上教室電燈及錄音機的工作，這項工作也同時帶回家裡練

習。自從傑斯朋習得開與關的正確時間與地點之後，他即使
走過開關時，也不會去動它們。

傑斯朋觸碰開關的強迫性行為嚴重妨礙到他的家人外出旅
行。傑斯朋的家人試圖以懲罰來減少傑斯朋這樣的行為，然而皆
無法奏效，於是老師決定：以允許傑斯朋在特定時間打開或關上
開關的方法來改變他的行為。正因傑斯朋已習得如何盡責地打開
或關上電燈及錄音機，所以，老師也就經常提供傑斯朋可適當表
現其特殊興趣行為的機會。藉由有效的開關行為替代強迫性開關
行為，老師將自閉症者特殊興趣的症狀進行有用的轉化。

另一項也是多數家長曾反應的類似行為，就是兒童喜歡打開
或關上房門。一位孩童的家長道出他（她）如何處理這項行為的
方法：

> 我的兒子名叫湯米，今年五歲，他非常喜歡門。離開房
> 間以前，他會玩那房門，就是反覆開啊、關啊地長達數小時
> 之久，最後，他還會將所有身後的門都關上。於是，我們決
> 定運用一組車庫造型玩具來教導他表現適當行為。好一陣
> 子，我們一直讓湯米玩開關、開開關關……車庫門的遊戲，
> 然後再增加其他玩具，湯米開車庫門之後，車子就開進去，
> 等到車子在車庫內停好時，車庫門才可以關上。直到最後，
> 我們發現即使房間門是開著的，他仍能可以很自在地玩弄汽
> 車或其他玩具。

湯米迷戀門的行為成為他家人的困擾，同時也妨礙了湯米適當的參與遊戲活動。所以，湯米的爸媽就給他一組車庫玩具去開或關車庫門，而非碰觸真正的門，由此一來，家長發現湯米的不適當行為其實和他無法進行象徵性遊戲有關，這問題在自閉症兒童身上是普遍且常見的。利用玩具車這樣的道具，家長可讓兒童知道開門或關門的動作可以出現在各式各樣的情境中。這樣的遊戲設計可以在湯米不放棄原有興趣前提下，也同時擴展了他的活動內容。家長經由加入其他的玩具，像是車子，引發兒童對其他玩具產生興趣，而讓兒童自在地忽略掉門還開著的事實。

一些儀式性行為之所以會出現在自閉症兒童身上，可能是因為他們不知如何正確使用物品，以下便是一位家長敘述他兒子的強迫性行為，以及如何察覺到該行為被引發的原因：

當小傑七歲大時，他有一項很討人厭的習慣，就是他常常解開自己和別人的鞋帶。於是，專家們建議利用行為改變技術，當小傑再堅持那樣做時，方法之一便是拿掉他的鞋子，因為小傑很不喜歡光著腳走路，所以這樣的作法對他來說似乎是不錯的負增強；然而，這點兒卻一點兒效果也沒有，因為，他還是會緊追別人並解開他們的鞋帶。之後，某天早晨，當我完成綁好小傑鞋帶的動作時，他縮回他的腳，想要仔細瞧瞧我做了什麼？剎那間，我了解解開鞋帶這件事並非「問題行為」，兒童只是想告訴我們他想學會如何自己綁鞋帶。每次，只要他將鞋帶解開，他馬上就會有機會看到

他人如何重新繫緊鞋帶。小傑和他的哥哥都是左撇子，於是
我們有現成的好老師教小傑綁鞋帶。不到六回合的教學，小
傑就學會了如何自己繫鞋帶，同時，所謂的「問題行為」就
再也沒有出現了。

　　誠如小傑的母親所說，小傑討人厭的行為導因於他想學會綁
鞋帶，卻不知如何告知別人他的意圖。一旦小傑的母親了解根本
問題所在時，解決之道就是直接教他綁鞋帶，同時，她也知道該
找和小傑同是左撇子的哥哥當老師。這個實例透露出試圖了解兒
童不尋常的溝通方式是很重要的，這也是一個將強迫性行為轉換
成建設性行為的實例。小傑的母親企圖找出行為出現的原因，而
非努力地消除行為。雖然不是所有的反覆性行為都會有這麼單純
的目的，但是家長常常都可以了解兒童所透露出的訊息。

　　另一個家長所陳述出的強迫性刻板行為，便是自閉症兒童想
要維持房間乾淨，於是就把所有的東西都拿走。甚至在某些兒童
身上發現，他們是非常非常誇張地把屋裡所有的東西全部丟掉，
即便某些東西理當就該擺在屋內某個地方的。

　　　　比利喜歡家裡所有東西都整整齊齊乾乾淨淨的。他會把
　　東西移走，放在不該放的地方。我們家有一張古董椅，椅子
　　的扶手上鑲有許多圓形旋鈕，比利拿走了其中的一個，害我
　　們怎麼找都找不著。我知道我得引起他的動機去找出那個圓
　　形物，於是，我拿了一瓶他喜歡的膠水放在椅子旁邊，然後

> 對他說：「只要我們找到那個旋鈕，我們就可以把它用膠水
> 黏回去了。」，我話一說完，比利就馬上跑出房間，不久他
> 便拿著那圓形物回來了。

很明顯地，比利將所有東西拿走的習慣有些過分了。他不了
解像旋鈕或椅子這些東西，本就該擺在那裡，而玩具之類的東西
才是需要收起來的，於是，母親利用外在動機去鼓勵比利找出拿
走的東西，而膠水不僅是比利所喜好的物品，同時也是有效解決
物歸原處的必備材料。

另一位母親則形容他兒子是她們家的費利克斯（Felix，在電
影 The Old Couple 裡飾演有潔癖的角色）。

> 羅傑是我們家的費利克斯，因為他有時會把所有東西都
> 拿走，簡直快把我們搞瘋了。但是，我認定這問題不是因為
> 他有潔癖，而是因為他在錯誤的時間點上表現了過分的潔
> 癖，所以，我把潔癖視為羅傑的優點，同時，我將這優點發
> 揮在每星期六上午清潔房間的工作上。現在，沒有人會在玩
> 具或任何紙張還未收拾完畢前停下工作，通常是等到房間一
> 塵不染了才休息。其他的兒童叫羅傑為老闆（你會聽到：小
> 心喔！如果你把東西放在墊子下，一定會被老闆抓到的），
> 他們心服口服地承認羅傑做事情也有比他們好的時候，誰知
> 道哪天羅傑那青春期的哥哥也會染上潔癖的習性呢？

在此案例中，羅傑的母親分析兒童的行為，並且進一步發現怎樣的觀點是正向或負向的，安排一項活動讓羅傑的潔癖顯得十分恰當，同時也提供機會讓他為家人完成一項重要家事，並得到家人對他的感激與欣賞。

不平常或者局限的興趣

儀式性行為的另一類型就是不平常興趣的發展，依戀某一物品是這類不平常興趣之一。有些兒童會隨時帶著這些物品，他們拒絕離開物品；有些兒童則是每次只要看到某個東西就會反應激烈。這些依戀現象看來很奇怪，且陷兒童於困境之中。以下是一位家長對他的孩子不平常興趣的描述：

我們的兒子傑瑞今年十八歲，正在支持性就業工作的試用期間，因為他對腳有特殊興趣而製造了許多麻煩。他喜歡觸摸、親吻和撫弄雙腳，他經常有從事此興趣的需求，而且是無法預測他何時有需要。當他突然靠近一名不認識的女生，並且露出一付想接近她雙腳的表情時，那個受害者通常相當生氣。

他這樣的行為持續很久了，所以我們已接受傑瑞對於腳或鞋子的興趣。我想出一個折衷之道，我們要求他，當他需要用他人的雙腳來滿足時，他必須得先把人家的鞋子擦乾

淨。我們給他一個備有各種擦鞋工具的工作站，所以，現在
的他可以在我們阻止以前，知道自己不可以去突襲別人的雙
腳或鞋子。每天的午餐時間，他可以選一個或兩個人，為他
們提供擦鞋的服務，當他有鞋可擦時，他可以在工作站內隨
心所欲地摸鞋子，而不是去摸別人的腳。

這樣的年輕人對腳的怪異興趣很容易造成社會大眾的誤解，
同樣地，他的父母以及雇主都抓到了要領，而將問題行為變成了
具建設性的活動。他們教導傑瑞如何擦鞋以及訂定行為管理的規
範：他每天只能在午餐時間，選擇一或兩人的鞋子放在擦鞋工作
站時觸摸。因為他摸鞋的的動機十分高，所以他很願意服從規
範，同時，他對腳迷戀的興趣也變成了有生產力的擦鞋服務。

另一名家長描述他女兒對一個特定物體的依戀行為如下：

> 我們十歲的貝絲，每次我把她最喜歡的床單換成其他乾
> 淨的床單時，她就會發脾氣，所以，我每一週為了換床單的
> 事，我都需要與她搏鬥一番。最後，我發現，如果我請她幫
> 忙把她喜歡的床單拿走，換成鋪上乾淨的床單時，我就用不
> 著與她有所爭執。現在，我們在每個週六的早晨都會換床
> 單，而且彼此之間再也沒有任何爭執了。

這位母親的解決之道不僅克服貝絲喜歡床單的特殊依戀，同
時也增進她自身的自助技能。當貝絲感受到自己屬於更換床單活

動的一部分時，她反抗更換床單的行為就會減少，同時，乾淨的床單也可以順利地鋪在她床上。貝絲的母親利用她對床單的喜好，於是安排她換床單，這讓更換床單這件事變成貝絲日常作息的一部分，並幫助貝絲了解床單拿走之後是去哪兒，而且明白床單最後還是會再被拿回來。

　　一些自閉症者在兒童中期或青春期發展出新的、不尋常的迷戀行為，這些特殊興趣占據一大部分的時間，妨礙了自閉症者從事其他活動的可能性。多數的迷戀行為與事實性知識的累積有關，像是記憶各種地圖、研讀公車路線時刻表或者十分著迷於時間與日期。一名團體住宿家庭的家長表示，成年自閉症者會出現下列的行為：

　　　　現年二十一歲的史蒂文，有在參觀的房子前來回踱步的儀式性行為，這樣的行為造成他的社交困難，因為他會不斷地在屋內穿梭。一年一度的聖誕派對來臨之前，派對的女主人事先帶著史蒂文在屋內導覽一番，希望史蒂文的表現能被社會大眾接受。過程中，女主人告知史蒂文哪些房間他可以進去、哪些不可以進去，如果房門被關上時，就表示不可以進去。女主人安排一間離屋子門口最遠的、而且是在樓上的房間作為大衣外套的儲藏室，史蒂文當天的工作就是負責將客人的外套拿去放好。每次門鈴響時，史蒂文拿著客人外套然後上樓，並穿過屋子到達後面的房間。在派對結束時，史蒂文也同樣負責取回外套並交還給客人，這樣的活動安排使

得史蒂文喜歡在屋內遊走的習性變成一個能被大家接受的行
為。

　　上述女主人想出一個考慮周延的解決之道，就是派遣史蒂文
在派對時擔任拿取外套的角色。如此一來，便將史蒂文偏愛在房
間四處走動的不適當社會行為，與在屋內來回穿梭取、拿外套的
適當社會性協助行為互相結合。同時，這也迫使史蒂文需與他人
互動，而且還可從客人口中獲得嘉許。史蒂文臉上的微笑表示他
喜好這項工作，當他取拿客人外套時，也讓他成為一個受歡迎的
主人。

　　另一位母親陳述她如何利用兒子不尋常的迷戀行為幫兒童自
己減肥：

　　　今年二十六歲且超重的米克沉溺於看電視的現象已經好
　　多年了，他拒絕用節食或運動的途徑減重。他十分著迷於電
　　視上的數字，尤其是數數以及運動節目，於是我決定利用這
　　兩項興趣。我鼓勵米克觀看運動節目，例如：理查賽門斯個
　　人秀。然後，我買給他一套慢跑服以及球鞋，我們計算從家
　　裡走到郵筒所需步伐數的距離，並且作數字乘式運算好讓米
　　克知道多少步伐等於一英哩。每天看完運動秀之後，他就會
　　一邊跑一邊算一英哩的距離需要多少步。之後，在他同意之
　　下，我給他一本卡路里指導手冊，他非常著迷於書內的各種
　　數字，也願意每天計算自己所攝取的卡路里，並且留意決不

超過規定的數量。藉由運動以及節食的結合，米克因此減重
了。

　　這是一個利用迷戀數字的不尋常行為，使他有動機從事原本
絲毫不感興趣活動之絕妙實例。米克過去不運動也不節食，因為
體重過重而連帶影響的社交或健康問題，對他而言一點也不重
要；可是，他對數字和運動十分入迷，甚至入迷到他願意計算他
跑步的步伐或節食時的卡路里。運動及節食兩者配合之下，協助
米克得以減重並且改善了身材。他的母親在每天特定的時間提供
米克運動服裝，這傳達給米克很清楚訊息，他知道何時來回跑步
是適當的。

刻板行為

　　刻板行為有時被稱為自閉行為，包括特殊的癖好以及異常的
感官興趣，像是拍手、敲、彈手指頭，或踮腳尖走路，這些都是
特殊的癖好。有些兒童可能會對物體的某個部分感到特別有興
趣，例如玩具卡車上可轉動的輪子，這些行為有時被稱為「自我
刺激」行為，因為他們似乎除了自我刺激之外，沒有別的目的
了。不只缺乏明顯目的，這些行為看起來都十分古怪，並且會干
擾正向有益的行為。

　　我們通常有必要將這類行為轉換成較為有用的行為，但當家
長無法達到此目的時，他們就會試著去減少那樣的行為，而且通

常還得發揮家長和專業人員們的創意想出各種招式。

　　六歲的法蘭克總是把襯衫放到自己嘴巴裡，襯衫吸引了他大部分的注意力，而且衣服最後還會被弄壞。我們試了很多方法想要阻止他那樣做，包括曾經把辛辣醬塗抹在衣服上面，但是，所有方法都沒有奏效。有一天，我在他襯衫外多套了一件毛衣，我發現他很不喜歡毛布料放在嘴巴裡的滋味，之後我們都讓他穿上毛質上衣。因為他受不了毛材的口感，所以，從那時開始他再也不會把上衣放進嘴巴了，很幸運地，在暖和天氣來臨之前，法蘭克已經改掉這個壞習慣了。

　　法蘭克不知為何有把襯衫放進嘴巴的習慣，而且他父母也找不出這習慣的正向用處，所以，他們就想試圖去除它。可是，即使已經用了很強烈的厭惡物 —— 辛辣醬，他們還是無法去除那樣的行為；然而，當法蘭克穿上毛衣時，卻成功去除了那個習慣，只因他不喜歡毛料材質放進嘴巴的感覺。有部分學者曾指出另一方法，名為過度矯正法，可以去除把東西放進嘴巴的壞習慣，利用此法可幫助兒童克服不被接受的行為。舉例來說，我們要求一個喜歡把東西放進嘴巴的兒童，每次他把東西放進嘴巴之後，就必須用牙刷輕刷牙齒五次。

　　另一種刻板行為就是舔東西或舔手，有些學者曾提出當兒童這樣做時，便表示他們缺乏使用物品的適當技能，他們就從舔指

頭以獲得感官回饋;換言之,當兒童缺乏遊戲技能時,就從雙手
獲得感官刺激。曾有研究稱這樣的過程叫做感官感覺的阻斷,藉
由此法,兒童從其他感官所接受的回饋就會被阻斷。這兒有一個
家長敘述他如何克服這種行為的實際案例:

> 我們的十一歲女兒凱莉經常舔她的雙手,於是我們決定
> 要讓她戴上塑膠手套。當她戴著塑膠手套時,她就不會舔
> 手,我們也發現當她脫去手套時,她還是覺得她的手嘗起來
> 就像塑膠手套,利用這個方法可以讓她好幾個小時都不會舔
> 雙手。

我們較能接受嬰兒而不是一個十一歲大的女孩將手放進嘴
巴。塑膠手套阻止了凱莉的皮膚和舌頭互相刺激。因為凱莉失去
了快感,所以她也就不再舔雙手。某研究曾進行三名重度智障女
孩減少過分舔雙手的實驗,當研究者看到女孩們開始把手放進嘴
巴時,他簡單地告訴她們:不可以,把手放下!並且把她們的手
拉下來,經過幾個星期,這個簡單的步驟成功地減少她們舔雙手
的行為。

一些自閉症者喜歡無功能性的把玩物品,例如她們會把玩具
一直轉個不停,或者是不由自主地通通排成一列,而玩水也是另
一類的強迫性行為。

> 提米現年八歲,我永遠忘不了他對水的異常好奇,如果

我們放任他玩，他可以一整天都玩水，並且可以發現他玩馬桶的水、或是任何他可以碰到水的地方。處罰對他似乎沒用，所以我決定就讓他那樣，但試著讓此成為有用處的興趣。於是，我教提米如何洗滌碗盤。現在已經成為他負責的家務事，而且他很喜歡那項工作。現在，每天晚上吃過晚餐之後，提米都會洗碗盤。

提米就像許多兒童一樣，對水非常地著迷。試過各種方法想要阻止玩水的行為都無效之後，他母親決定轉而利用教他如何清洗碗盤的正向方法。如此一來使得提米的強迫性行為變成適當的表現，並且也讓他學會對家庭有所貢獻 —— 清洗碗盤。成功的解決之道便在於母親知道提米並非故意要做錯事；相反地，她知道那是一個想要學習的重要線索，所以她找到了方法，將原有的興趣轉變成一項對家庭事務有所貢獻的技能。

很多刻板的迷戀行為都和視覺上令人感興趣的物品有關。彩色的旋轉玩具，像是蓋子或是萬花筒之類的東西，都是自閉症幼兒喜愛且看起來有趣的玩具。當一個兒童喜愛聽物品在桌上旋轉的聲音時，他就可能會喜歡玩或聽錄音機上的音樂，這樣一來，或許就可變成一項具有休閒娛樂功能的自我刺激行為。

下面的實例描述家長所提供的另外兩種常見的迷戀行為，即觀看物體掉落以及把東西丟在馬桶內沖掉：

現年九歲的愛麗絲經常把東西丟進教室的通風口，她喜

歡透過通風口看那些被她丟進去的東西，在風口內被熱風飄飄吹動的樣子，因為她把通風口塞滿了東西，於是通風設備故障了。後來，我們在通風口上放了一個箱子，箱子上方有個開口，同時箱側有個窗戶，如此一來，愛麗絲可以從箱子上方的開口放進東西，然後看東西在箱子內四處飄動的樣子，東西不至於會跑進通風口。我們逐漸增加愛麗絲的教室學習活動，當愛麗絲完成學習活動時，就得到使用熱空氣箱的權利。最後，當她失去對這項活動的興趣時，我們就移去通風口上的箱子，讓愛麗絲在工作完成之餘進行其他的遊戲活動。

愛莉絲對於小紙張飄動的興趣，或許也可擴展成為學習如何使用萬花筒，要求兒童仔細的觀察尋找出相似性（視覺或聽覺等等），這樣或許可以找到較為適合、可被控制的刺激來源。因為我們知道這一類的刺激，可作為強而有力的增強，所以它們可用在自由活動的遊戲時間，或者作為完成一項不是那麼感興趣活動時的增強物。

去年，我們經歷一段吉米（當時十歲）愛把肥皂放進馬桶沖掉的時期。因為肥皂會在水裡旋轉，然後被吸進去……真是刺激！之後，肥皂會沈到馬桶底部、蓋住水管口，然後堵塞住馬桶。我嘗試過運用書上所寫的行為改變技術，但是沒有一個奏效。最後，有人就告訴我，為何不買象牙牌肥

皂，它會浮在水面上啊！正因為肥皂會浮，所以吉米就再也看不到肥皂可以被快速吸進水管內的情景了，如此一來，吉米覺得一點樂趣也沒有，所以他就再也不把肥皂沖進馬桶裡了。

愛莉絲與吉米兩人都有反覆性行為，而且都和他們視覺興趣有關，丟東西進通風口或者是將肥皂沖進馬桶，這兩件事情都與良好的家務管理有所衝突。這些兒童的家長及老師對堵塞住的馬桶和塞滿東西的通風口都一樣感到挫折，這兩個案例，大人都不認定兒童們是故意破壞的；相反地，他們知道行為的哪些部分可以抓住兒童的興趣。在第一個案例中，老師發現一個無傷大雅的方式，讓兒童能保有她喜愛看東西飄動的迷戀行為，並且將它拿來獎勵適當的行為。另一案例中，家長減少觀看肥皂沖進馬桶內的樂趣，一旦視覺刺激減少了，該行為很快地就不再出現了。

拍手或彈指頭是經常被提及的刻板行為。家長表示他們的兒童做這樣的行為時都很專注，而且拍手動作在兒童緊張或興奮時便會增加。這些行為與其他活動有所衝突，家長對於這些奇怪的手指活動也感到困擾，研究者曾提出一種解決之道叫做過度矯正法（Epstein, Doke, Satwaj, Sorrell, & Rimmer, 1974; Foxx & Azrin, 1973），此法包含告知兒童那樣的行為是不適當的，並同時持續運用身體相同部位進行替代性活動。兒童被要求必須重複地打開或闔上手掌，或者是通常在一項有效的活動中運用到手的重複動作。

　　身體運動，像是慢跑，也可用來作為減少自我刺激的行為
（Kern, Koegel, & Dunlap, 1984）。有些研究者相信規律的身體運
動可改善兒童的警覺性，並且可以幫助他們不因手部活動而分
心，使能專注於適當的技能上。一位家長描述他對付兒童拍手行
為的方法：

　　　　我們的女兒蜜雪兒在她六歲時常常拍打雙手，她喜歡這
　　件事的程度更甚於做其他事情，因為我們找不到任何方法去
　　阻止她那樣做，於是我們就把它作為女兒完成家務事後的獎
　　勵方式。當她做完家事時，我們給她一把玩具機關槍並且告
　　訴她可以「歡呼」了，她就會拿著玩具，並且同時拍打雙
　　手。此法進行後，她擺動雙臂的行為獲得控制，因為她只會
　　在「歡呼」時間做那樣的動作。

　　家長對於蜜雪兒拍打雙手深感困擾，無法導向適當的工作
上。玩具機關槍可使蜜雪兒拍打雙手的行為令人接受且受控制，
蜜雪兒也了解只有機關槍玩具在手上，才能「拍手」，因此可減
少在公共場合不當的拍手行為。更重要地，機關槍玩具被用來當
作蜜雪兒的獎賞，由此，家長也可提高蜜雪兒完成分內家務事的
動機。家長從利用蜜雪兒的拍手行為，導向正面積極的目標。
　　許多家長發現上述情形不見得總會有相同的結果。有時候，
自我刺激行為只要藉由提供外在增強物，就可減少行為發生的頻
率。有研究者描述他們成功地教導一個喜歡旋轉物體的小男生玩

玩具，而不要去旋轉它，他們有系統地增強小男生摸而不旋轉玩具的行為。有一位家長告訴我們如何運用類似的獎懲系統：

> 麥克斯是我們十二歲大的兒子，已經學會如何把碗盤擺進去洗碗機或拿出來，可是，這樣的工作卻費時許久，因為他總要轉動玻璃杯和銀器。我知道他喜歡葡萄乾，所以我就把十顆葡萄乾排成一線，並且告訴他不准轉動、旋轉或拍打，這樣他就可以擁有那些葡萄乾。每次只要他做了上述任何一個動作，我就會把一顆葡萄乾拿走，他也看到我把拿走的葡萄乾放回包裝盒內。這樣的規則十分清楚易懂，很快地，他清潔碗盤的工作顯得十分有效率。現在，當他把家事做得很好時，他就可以得到零用錢而不是葡萄乾。

麥克斯喜歡轉動和旋轉物品的習慣造成他的分心，導致他無法完成一樁他已知如何完成的工作。為了讓他專注，所以他的母親訂定了懲罰規則，同時，麥克斯也了解規則，就是每次轉動或旋轉東西他就會少拿到一顆葡萄乾，所以，母親所訂定的規則是麥克斯可以了解並且是他切身關心的。當麥克斯年紀漸長，能等待更久且適用於抽象的增強物時，母親便將葡萄乾換成零用錢。媽媽把重點放在讓麥克斯得到報酬，而不是放在要他放棄。這可幫助他集中注意力於手上的工作，並逐漸地轉移到其他家事上。

不幸地，有些家長找不到足以增進兒童動機以學習正常行為的增強方式，遇到這種情形時，改變環境可能會有幫助，就如同

接下來所描述的案例一樣：

> 茱莉今年十歲，她有一項惱人的餐桌習慣，就是她會用
> 叉子和湯匙敲打哥哥和姐姐的盤子、玻璃杯和湯碗。我們不
> 想讓她提前吃飯或者拿走她的刀叉或湯匙，我們希望她可獨
> 立地和家人同時用餐。因此，我們把她移到一張讀書用的桌
> 子上，那桌子與餐桌相鄰而且方向面對餐桌，這樣一來，她
> 還是在我們一家人座位的圈圈內，卻不會影響其他手足用
> 餐。

因為茱莉拍打餐具的行為，讓這對家長陷於困境，他們不想
用拿走餐具的方式解決問題，因為那樣會減少兒童獨立自主的機
會。於是，家長只能抉擇是要將茱莉排除在家人的用餐活動之
外，或者就接受茱莉惱人的行為。他們最後選擇接受茱莉的拍打
行為，但是降低了她對其他家人的干擾程度，如此一來，家人對
茱莉的行為，較能以正向的態度面對，而且也避免若要單純去除
行為可能遭遇到的許多困難。另一可能的解決之道便是讓茱莉使
用一陣子紙材餐具、塑膠叉子和湯匙，同時將餐桌包一層桌巾，
那樣可以減弱拍打東西時產生茱莉所喜歡的聲音。

同一性的執著

同一性的執著指的是兒童傾向以完全相同的方式進行活動、

一成不變，或者是他們依戀著舊有或熟悉的物體。當日常作息或活動有任何改變時，自閉症兒童會感到焦慮和煩躁，而這樣的行為嚴重限制了家庭生活。家人不得不遵循呆板、可預測的日常作息，且必須避免無法預期的事件發生。但是又不可能完全避免，也就是說當無法避免的改變要發生時，就意味著兒童們會發脾氣或會深感挫折。

因為兒童缺乏自發性的改變能力，常會造成家庭的緊張與壓力。一些平常的事情，像更換損壞的東西，就要深思熟慮並計畫周詳，因為我們面對的是拒絕改變的人，必須精心規畫來教導他。

　　當家裡任何東西要改變時，我們三十一歲的兒子俄尼就會變得很焦躁。舉例來說，必須確定他不在家時，我才會去換掉他房間裡已停擺的老舊時鐘。當我換掉家裡老舊的時鐘，或者是其他類似壞掉的家用品時，我都必須確定新的和舊的物品非常相似。如果我沒有把東西換成幾乎與舊的一模一樣時，俄尼就會發現家裡有些東西不一樣了。如果我在他回家前就把時鐘或其他東西換好，俄尼就會接受新的時鐘或其他家用品。

　　俄尼拒絕改變的特質延續到成年時期，因此，他的父母必須接受這樣的特性。他們也了解，在俄尼回家以前，把東西換成新物品時，就可容易應付兒子的行為，而且，他們所選用的新物品

必須與舊有的十分相似。改變的方法有時會對家人造成不便，但是還不至於像俄尼的行為那麼具有嚴重影響性。以俄尼為例，他對同一性的堅持顯然是其一生皆會有的特質。家長及研究者都發現，尤其當兒童還小的時候，這一類的行為較能因為他人的協助而有所克服。

　　馬緹現年十三歲，是一個對時間很固執的人。有一次，他的手錶比老師的錶慢，這樣就讓他感到苦惱，他不願意離開學校，只因為「時間還沒到」。隔天，我沒讓他戴手錶到學校，我告訴他：他必須遵照老師的時間。儘管，有時他還是會問起手錶的事，但是，他也可以沒戴手錶而輕鬆地上學去。

　　馬緹對時間有特殊的興趣，他堅持所有時鐘和手錶的時間要相同，因為如果有兩個手錶的時間不同，他就會很困惑。他的困惑以及同一性的需求，會讓他因與別人手錶的時間不同，而陷於苦惱。在前一個案例中，俄尼的母親保持讓不同的時鐘擁有相似的外貌，這樣就可減少俄尼因為改變而引起的不愉快情緒。在馬緹的例子裡，很難去控制各種不同的手錶或時鐘，因為馬緹在學校可能會在各種時段去看時鐘。所以，母親決定拿掉馬緹的手錶，以避免不愉快的情緒，如此一來便可減少他的困惑，因為他再也不用擔心他的手錶時間是否和別人不同。

　　另外一位母親選擇了另一個方法，就是讓兒子還是戴著手

錶，但是每天早上必須與老師的手錶對時，這樣他和老師的手錶
時間一定會一樣。另一個家庭則是教導他的兒子，當他覺得困惑
某些事情沒有依照「他的」時間開始時，那麼，他就該問別人當
時的時間。後來，他們教他在學校也可以這樣做，規則是「老師
的時間就是對的」。

　　一名老師表示，最近剛轉進他們班十一歲大的保羅非常喜歡
游泳。每個禮拜，老師在班上會安排三次游泳時間。保羅每天都
想找游泳池，於是，他就會從班級的教室跑出去找游泳池。老師
幫他準備一個照片功課表，如此一來保羅就可以看到，並且在游
泳課來臨之前的時間提前作準備，從此之後，他跑出教室的行為
就不再出現了，因為視覺提示的功課表幫助保羅可以克制自己不
被喜好之物牽著鼻子走。提供視覺結構以及轉銜處（譯註：指一
個活動過渡到下一個活動的地方，此處可以放功課表或其他的材料，
讓兒童知道下節課上些什麼）可以幫助兒童了解學校作息活動的改
變，這些都是結構化教學系統的重要內容。

儀式化的語言

　　另一種常見的儀式性行為就是重複地複誦喜愛的話、聲音或
歌，也包括一而再、再而三地問相同的問題，這樣的重複行為不
但會令人厭煩，而且也會影響社交互動。一名曾在某一研究中被
提及的青春期女孩會習慣性地尖叫，即使她並不是在生氣。她的
治療師訂定了高度結構化的作息表，只要每次女孩按表操課沒有

大聲尖叫時，她一定可以得到獎勵，最後，她尖叫的行為消失了。一位母親報告她用其他方法處理兒子反覆性口語的實例。

> 雷瑞六歲時會一而再、再而三地說某些特定的話，每個人都已經不想再聽而且很討厭他那樣，於是，那些話被禁止——也就是說雷瑞不能再說那些話了。我把所有的話全寫在板子上面，每天我會拿出來讓他讀一遍。當板子收起來時，他就不能再說那些話，除非等到隔天板子再一次拿出來的時候才可以說。我另外用一個板子列出他「可以」說的話。這個正向性的板子他隨時都可以拿得到，而且他可以加上其他的話。

雷瑞的重複性語言會讓別人對他感到生氣，於是，他的母親訂定了一個他不可以說那些話的規則，她幫助雷瑞在別人禁止他說話的情況下，也不會感到挫折；同時，他還是可以學習其他的話語，以取代不能說的話。把不能說的話寫在板子上，同時，以每天可以說一次的方式，讓雷瑞有個可預期的發洩管道。此外，擁有一個正向的替代板子，以可說的話取代不能說的話，避免雷瑞感到挫折。雷瑞的母親深知他兒子的困難是值得注意的，因為她知道兒子重複說話不是為了煩她。為了避免問題，所以母親制定了一套規則，好讓雷瑞知道自己的行為是適當或不適當的，且讓他可在要求下進行改變。

反覆地問問題是另一種儀式化口語的形式。被人家一而再、

再而三問問題通常會很生氣，尤其是當我們認為問問題的人早已知道答案時。有時那些問題只是想要確認個案喜歡的活動是否要開始了，以得知接下來會有什麼事發生。有兩位家長對這問題發現相似的解決之道：

> 三十八歲的大衛總是會問某件事情的進行時間。有時，我想他已經知道答案了，他只不過是想再聽我說一次。我擺了一個月曆放在他的房間，並且在月曆上標示出重要的日子。每一回他問我某件事的時間為何時，我就會把他推到月曆前，要他自己說出答案來，這樣的方法大大地減少他不斷地問問題的行為。

> 十四歲大的偉利喜歡一而再、再而三地問相同的問題，他似乎每隔幾星期就會有新的問題，因為這樣的情形讓我感到很煩，所以我就把答案寫在紙上並貼在冰箱上。每一次只要他問我問題，我就會要他到冰箱上的紙張裡找答案。因為他會讀字，所以我可以把答案寫出來，對於還不會閱讀的兒童，可以用照片或圖片替代。

大衛和偉利兩人都因喜歡重複問相同的問題而使得他們的爸媽感到苦惱，而他們父母親所想出的解決之道，都是以視覺管道提供問題的解答。告訴兒子看自己的月曆或紙張的方式，減少了父母的挫折，同樣也讓兒童能獨立自主地找出自己所問問題的答

案。大衛的月曆可隨時供他查看，他對於何事、何時或者喜愛事件何時發生，能藉由查看月曆上的標記而降低其心中的焦慮與困惑。偉利的問題則是關心某個時間點發生的某件事情對他而言很重要，如同大衛的例子一樣，紙上所寫的答案可幫助偉利自己找出答案，於是，偉利的困惑輕而易舉的減少了。強調時常提供自閉症者視覺線索的做法，在結構化教學上也是一個很重要的一環。

　　在本章中的實例中，家長大多能找到一些兒童反覆性行為的正面觀點，讓反覆性行為有所做為，而不去對抗這些行為。家長多方地找尋能控制兒童行為的方法，這樣兒童的特殊行為就只在特定時間和地點出現。儘管不是所有情況都能在兒童的特殊興趣與家庭或社區需求之間取得平衡，但是，一旦你知道如何去看待行為，多數時候是可以找到平衡點的。

參考書目

Aiken, J. M., & Salzberg, C. L. (1984). The effects of a sensory extinction procedure on stereotypic sounds of two autistic children. *Journal of Autism and Developmental Disorders, 14,* 291–299.

American Psychiatric Association. (1994). *Diagnostic and Statistical Manual of Mental Disorders* (4th ed.). Washington, DC: Author.

Breese, G. R., Mueller, R. A., & Schroeder, S. R. (1987). The neurochemical basis of symptoms in the Lesch-Nyhan syndrome: Relationship to central symptoms in other developmental disorders. In E. Schopler & G. Mesibov (Eds.), *Neurobiological aspects of autism* (pp. 145–160). New York: Plenum Press.

Eason, L. J., White, M. J., & Newson, C. (1982). Generalized reduction of self-stimulatory behavior: An effect of teaching appropriate play to autistic children. *Analysis and Intervention in Developmental Disabilities, 2,* 157–169.

Epstein, L. H., Doke, L. A., Satwaj, T. E., Sorrell, S., & Rimmer, B. (1974). Generality and side effects of overcorrection. *Journal of Applied Behavior Analysis, 7,* 385–390.

Foxx, R. M., & Azrin, N. H. (1973). The elimination of autistic self-stimulatory behavior by overcorrection. *Journal of Applied Behavior Analysis, 6,* 1–14.

Kanner, L. (1943). Autistic disturbances of affective contact. *Nervous Child, 2,* 217–250.

Kern, L., Koegel, R. L., & Dunlap, G. (1984). The influence of vigorous versus mild exercise on autistic stereotyped behaviors. *Journal of Autism and Developmental Disorders, 14,* 57–67.

O'Brian, F., & Azrin, N. H. (1972). Symptom reduction by functional displacement in a token economy. *Journal of Behavior Therapy and Experimental Psychiatry, 3,* 205–207.

Richmond, G. (1983). Evaluation of treatment for a hand-mouthing stereotype. *American Journal of Mental Deficiency, 44,* 667–669.

Rutter, M. (1978). Diagnosis and definition. In M. Rutter & E. Schopler (Eds.), *Autism: A reappraisal of concepts and treatment.* New York: Plenum Press.

Schopler, E., Mesibov, G. B., and Hearsey, K. A. (1995). Structured teaching in the TEACCH system. In E. Schopler & G. B. Mesibov (Eds.), *Learning and cognition in autism* (pp. 243–268). New York: Plenum Press.

第三章

溝通

問題行為

潛藏的缺陷

　　溝通障礙是定義自閉症的一項重要特徵。很多自閉症者沒有語言，而會說話的自閉症者常常不能清楚的傳達他們想要的或需要的。無法溝通需求令他們很挫折，導致退縮／不與他人接觸，以及其他的問題行為。

　　患有自閉症或相關障礙的兒童對於語言理解也有相當程度的困難，當他們是嬰兒時，對於父母的言語沒有反應，這對父母來說是十分困擾且沮喪的，並覺得他們沒有與孩子產生有意義的關係，他們常懷疑孩子是不是聽不到，而當他們被告知孩子的聽力是正常時，更增加了他們的疑惑。

語言理解的問題

　　很多身心障礙者很難了解別人對他們說的話。在不熟悉的情境所發出的指令，或當一個指令包含兩種或兩種以上的概念，會讓這些孩子感到困惑。即使是成人，有些人仍不太能了解抽象的字彙或概念，如果有人說得太快或用太多的字，對他們來說也很困擾。家長們提到，遵從指令對他們的孩子來說很難，除非在熟悉的情境下，採用簡單的字彙，並提供視覺線索。

長句的困擾

　　長的句子或複雜的字對某些自閉症兒童是很困擾的。一般兒童以他們當下對情境的觀察，以及聽到的字句做連結，來了解語言，例如：對嬰兒來說，語言理解包含將聽到的字與他們已經了

解的行為連結在一起，像是看、行動和模仿。當父母對嬰兒說話，總是小心翼翼地用簡單的語言，他們通常說單字或非常短的句子，而且試著一次只說一件事，而這些話常常用來引導孩子看某一特定的東西。專家們發現，類似的技巧對幫助自閉症兒童了解語言是很有幫助的。老師們學著說符合兒童語言程度的話，可以是簡單的、兒童熟悉的用語，像是「去玩」、「放好」或「吃飯了」。此外，指著你正在說的東西，來幫助孩子將妳說的話和該物品做連結，是很有幫助的。一個家長描述她如何逐漸發展類似的方法：

> 湯米從來不知道我在說什麼，我說的話對他來說就好像是噪音一樣，於是我決定要改變我對他說話的方式。有一天當我們正要準備出門，我只說：「外套」，並指著他的外套，而不是說：「湯米，可以請你去拿你的外套嗎？」他看著我一秒鐘，然後抓了他的外套。五歲了，第一次我覺得他真正了解我在說什麼，從那時候起，我知道該如何對他說他能理解的話。

湯米對語言理解有嚴重的困難，當他的母親對他說完整的句子，他很困惑而且不知如何回應，他的母親終於找到解決的方法：只用一個詞（外套），同時指著外套。如此以簡單的話和手勢做連結，幫助湯米了解她的意思，而且自此成為一個成功的策略。用適切的語言是很重要的，溝通不應該過於簡略，但溝通的

誤解更常發生在複雜的字詞當中，而非過於簡單的語句。

記憶力問題

很多自閉症兒童有很好的短期記憶，而且能夠複述他們並不了解的話，一個明顯的例子便是仿說（echolalia），或是複述最近聽到的或記住的篇章。過了一段較長的時間，自閉症兒童常常不能從長期記憶中擷取詞句或指令，甚至父母使用孩子能理解的詞彙時。不一致的記憶力使父母感到困惑，也讓他們無法意識到問題的癥結。

> 七歲的貝絲，每星期會有兩個早上需到離她家五十五英哩遠的學校；幾個月以後，她開始上另一個學校，一星期兩個下午，但兩天的日期與前一個學校不同。貝絲似乎很不能接受第二個學校，整個上學時間都在吵鬧。我們開車利用同一個四線道的高速公路到兩個學校，只是第二個學校要多走約十英哩，當我們要離開家的時候，我總是告訴她我們要去哪一個學校，有一天我在家的時候告訴她，而且一路上不斷地告訴她第二個學校就在第一個學校再多兩個出口的地方，在那之後，貝絲的表現好極了！她的老師問到底發生了什麼事，怎麼這麼安靜，我才了解到，以前我都太早就提醒她，在到達學校以前（一個小時車程），她根本不記得我說的。自此之後，貝絲的表現都相當好，而且我總是在快到那個學校的出口時我才告訴她我們要到哪一個學校。

　　表面上看來，這個孩子因為到第一所學校的固定作息改變而感到不安，媽媽對貝絲不安情緒的直覺使她運用不同的方式，事先提醒貝絲即將到來的改變，當媽媽理解到貝絲的問題是在長期記憶的困難，而非不願意改變，她在事件發生前重述關於改變的訊息，這減少了貝絲的困惑，增加了她上學的動機，進而改善了行為。

　　視覺協助也能用來幫助有記憶力問題的孩子，我們能提供兒童書寫的訊息、圖畫或實物，來幫助她們記住該做的事，或提示他們即將到來的改變。例如：之前故事中的媽媽可以給她的女兒一個上面有第二個學校老師的書寫訊息或畫，來提醒她當天將要前往哪一個學校。這種形式的線索提示將在以下的故事當中描述：

　　　　我發現如果我用字卡來增強我對兒子麥特說的話，對他來說是很有用的，他對書寫文字的理解遠比別人說的話來得好。例如：最近有個晚上他整晚不睡，隔天早晨他要求吃果凍當早餐，我說不行，因為他整個晚上不睡覺，但是他放學後可以吃。我寫了張紙條：「麥特要上學，當他回家時可以吃果凍。」有了白紙黑字，麥特了解狀況，他沒有發任何脾氣，而且他第二天整個晚上都待在床上。

　　沒有那張字條，麥特可能會忘記他媽媽的話而變得沮喪，書寫的文字讓他有時間思考意思，所以也就能防止困惑。而且，和

說話不一樣的是，字條可以保留一整天，孩子能重複地看。圖畫有相同的功用，但書寫文字比圖畫要好的是能表達較複雜的訊息。

減少聽覺處理問題

很多自閉症兒童在視覺作業上較聽覺作業表現佳，這是為什麼要訓練自閉症者使用視覺引導的溝通系統，像是物體、圖卡、手語、字母板和書寫文字的原因之一，因為自閉症者在語言理解上有這樣的困難，家長和專家都發現到，運用視覺輔助來解釋指令或即將發生的事件是很有用的。舉例來說，為了解釋哪天將發生哪些事，很多老師訓練學生閱讀並遵循行事曆，而行事曆不一定要有字在上面，對不會閱讀的學生來說，行事曆可以用顏色來區別，或用實物來代表某一特定的活動，如此一來可以避免行為問題不斷發生，而且讓學生知道接下來將發生什麼事。有一位老師寫道：

　　珍妮絲是一個沒有語言、低功能的十八歲自閉症女孩，她從一個情境轉換到另一個情境時，常感到困惑，除非我們不斷地提醒她，或以肢體引導她到適當的地點，否則她不曉得該往哪裡去。她喜歡照片，於是我們將班級會去的地方都拍下來，每當班上準備好要到某處，我將該處的照片給珍妮絲看，她便了解即將發生什麼事。這方法幫助她減少困惑，也讓她在轉換情境時更加獨立。

珍妮絲無法只透過口頭敘述就理解地點改變了。照片提供她一個持續且視覺的提示，告訴她下一個地點在哪裡，有了這樣的線索在她的面前，減少了困惑。在往後的課程裡，她前往新地點的動機明顯地增加了。

無法類化

很多自閉症者無法類化字意。當他在一個情境中了解一個字意，但在另一個情境中卻不了解該字的意思。這個問題涉及了自閉症者在學習該字的第一個環境中，他只選取該字的一小部分意義，而非了解該字的完整意義。以下的例子描述這種情形：

> 在我們的家中，有一個房間是給我六歲的兒子路易斯玩的，那裡非常安全，沒有一樣東西他可以破壞，每當路易斯有空而我必須去做其他的事時，我跟他説：「去玩！」他就知道要到那個房間玩他自己的玩具。有一天我帶他到小鎮的公園然後告訴他：「去玩！」而不是説去玩盪鞦韆，他就只是拍手，我後來明白到他並不是真的了解「玩」這個字，於是我開始每天帶他到公園，在我説「去玩！」之後帶著他盪鞦韆或攀爬欄杆。漸漸地，一旦我們在公園下了車，他便了解「去玩」的意義。

路易斯的母親高估了他的語言理解能力，因為在家中他總是能適當地回應「去玩」，她的兒子以為「去玩」的意思是他得去

他的房間玩玩具，在另一個情境下，同樣一個字並不代表任何意義。他的母親在每次說完「去玩」後，就教他玩，經由這樣的方式母親教會兒子「去玩」的意思。逐漸地，他學會如何在公園裡和在家裡「去玩」。但可能仍然要分別教他在朋友或親戚家中「玩」的意義。

語言表達的問題

因為很多自閉症孩子很少說話或根本不說話，教導他們替代性的溝通系統通常是必要的。過去一些專家們認為教導替代性的溝通系統將妨礙孩子口語的學習，但近來的研究與教學經驗指出，事實上並非如此。相反地，很多自閉症孩子在他們學習替代性溝通系統時，口語技巧也進步了。

很多發展遲緩的人需要視覺線索以利溝通，除非他們能夠看見一個字意所代表的物品，否則他們很難想起那個字。如果兒童不能夠將某處所發生的事情視覺化，他們就無法回答父母親學校發生了什麼事情。

對於社會性規範缺乏意識也常導致許多溝通問題。許多自閉兒家長經歷過這樣的尷尬場面：孩子在公共場所脫口說出私底下才應該說的話！對一些自閉症者的家長，甚至孩子長大了都還常碰到這樣的事。由於不能夠意識到社會性規範，一個需要幫助人的年輕人可能會在店裡大喊：「嘿，伙計！」，有時候他叫得太大聲，有時候又太小聲，很明顯地，聲量大小會影響到其他人。

語言能力較佳的孩子可能會不停地談論著某一主題，或者反覆地問問題。

替代性溝通系統的需求

　　無論兒童會不會說話，很多家長最終要決定他們孩子的溝通方式。然而，決定哪一個替代性溝通系統對孩子最好，並不是一件簡單的事。當我們在選擇一個替代性溝通系統時，會去評估該系統的優缺點，並將這些特點與孩子的長短處比較是很重要的。舉例來說，一個思考緩慢而且仰賴視覺導向的兒童非常適合於圖片系統，但是，一個過動、浮躁、跳來跳去的孩子便可能需要容易隨身的系統，像是手勢或一個圖卡小冊。我們也需要觀察一個兒童的每日生活，以決定哪種系統是可行的，且是兒童能自行使用的。以上這些都要以兒童最常處的環境為基礎，來教導他的溝通技巧。家長們通常會依兒童的能力來選擇溝通系統。但有時候某種系統也會在不知不覺中，發展為溝通技巧。

　　湯米的口語少之又少，但在八歲以前便對書寫文字感到興趣，所以我買了一個「說話與拼音」的電子產品給他，它會將字顯現於螢幕，並發該字的音。湯米學會拼「說話與拼音」中的每一個字，我告訴他的老師這件事，她便寫下他需要用到的句子或片語，例如：「我想上廁所」，當他想做某件事，將該字卡拿給老師，並唸給老師聽。逐漸地，字條提示褪除，他不需讀字卡也能表達。

　　雖然湯米不會說話，但他有極佳的視覺辨識技巧，在他學會讀與拼音時展現無遺。他的母親利用他的優勢能力和對書寫文字的興趣，老師則藉著他對日常生活的需求，將他讀字與拼音的能力轉換到溝通系統上。

　　一般來說，教導一種替代性溝通系統要比湯米的例子來得痛苦，通常這個系統必須被切割成非常小的步驟，讓兒童一次學一個步驟。班那羅雅（Benaroya, 1977）等多位學者發現教導自閉症孩子手語十分困難，因為他們的模仿力不佳，而且逃避眼神接觸，這些研究者於是開始逗弄孩子，直到他們注意到他人為止。逐漸的，他們教會兒童模仿他們的動作。一段時間後，他們將這些動作轉成手語，並將手語和物品配對。卡瑞爾（Carrier, 1974）和蘭西尼（Lancioni, 1983）也都發現必須先教導自閉症兒童將圖片與簡單的物品配對，然後才能教他們用圖片溝通。一段時間後，兒童能了解到圖片所代表的為何，而不需要再看到實物了。在這個階段，才訓練兒童用手直接指圖片來獲得想要的東西。一位母親告訴我們她自己設計的圖片系統：

　　　　我對大衛不會或不想說話感到十分傷心。讓大衛在六歲之前有一些溝通的方式，對他的父親與我十分重要，我們決定嘗試圖片系統，因為他似乎能夠了解他看到的東西。當他六歲時，我開始製作 3"×5" 的卡片，上面畫有家中每一個物品的圖片和名稱，我將圖片貼在他找得到該物品的地方，食物卡貼在冰箱，衣服卡放在衣櫃等等。我們開始玩「找到圖

片回答問題」的遊戲。大衛必須找到對的圖卡以得到想要的東西。很快的，大衛能夠自己主動帶著圖片來找我，來獲得他想要的東西。

大衛的母親花了許多時間和精力教導他的兒子使用一個替代的溝通系統，她利用對大衛有意義的圖片，因為上面有他想要的一般家庭用品與食物。因為所用的物品可以引起小男孩的動機，而且小男孩的視覺技巧比聽覺與口語技巧來得好，所以這個系統有效。下一個例子是另一個家長為他不會說話的兒子所創造的圖片系統。

我十歲的兒子瑞米完全不會說話，為了幫助他溝通，我們做了一本圖片溝通簿，他必須指向他所要東西的圖片來獲得這些東西。當早上換衣服時，我們都指向襯衫、褲子等圖片，然後他會去抽屜拿出這些東西來。既然這個系統對他這麼有用，我們便開始將它用在一天當中的其他時間，例如吃飯和洗澡時間。

很多老師在教室使用溝通簿，這些溝通簿尤其適用於喜歡看圖片並了解熟悉物品圖片的兒童，所有的圖片可以濃縮在一本簿子中。瑞米的媽媽將圖片簿與日常活動，像是穿衣、吃飯和洗澡結合，這樣每天都可練習溝通，既然溝通練習和生活自理技巧合起來訓練，對父母來說也就不會浪費時間了。

家長時常會問：「要怎樣做，替代性溝通系統才有效？」以上兩個圖片系統的例子成功的在家中使用，但在社區中使用恐怕不實際。當兒童學會用更多的圖片，這個問題便日益嚴重，而使得圖片系統變得累贅，以下這位具創意的家長提供了解決困難的方法：

> 我八歲的兒子不會說話，有時候肯恩能讓家人知道他要什麼，但其他人就沒有辦法。我便開始用拍立得相機拍下他喜歡的東西，像是他最喜歡的食物等，無論何時他想要某樣東西，我要他拿照片給我看，一旦他習慣這樣的系統，我要求他能夠在他人身上應用。我幫他做了一個環帶（在腰帶上），而且把照片貼上，現在肯恩有幾個環帶用在不同的行程上，像是去速食餐廳、去逛街，或者搭公車。

這位家長解決了幾個問題。第一，她在兒子的語言障礙上下工夫，並且能逐步地訓練他利用圖片來溝通。第二，肯恩的母親藉著在腰帶上放有環圈的圖片，使得他得以在不同的場合和不同的人溝通，這解決了之前大部分的人都不懂肯恩要什麼的問題。第三，母親藉著製作不同的環圈應付不同的情境，使得肯恩逐漸擴展這個系統的用法。如果，她剛開始就將太多的圖片放在單一的環帶上，這樣可能使系統太過複雜，而肯恩也會感到困惑。

接下來這位家長提到一個常見的問題：自閉症者與不熟悉的人難以溝通。圖片系統能輕易為人了解，這可降低手語的重大缺

點，即一般大眾並不懂手語。在學生長大進入社會後，對社會大眾進行溝通時，圖片系統特別有用。

　　山迪是個十六歲、沒有口語的男孩，他難以對他人表達自己的慾望和需求，手語是唯一與人溝通的方式，但除了家人和老師，極少人能了解他。於是他的老師、母親、語言治療師和諮詢顧問一起幫他製作了一個圖片溝通系統，現在他有八張拍立得相片在他的腰帶上，這些照片包括了他在學校餐廳裡選擇最喜歡的食物，和他每星期打保齡球時需要用到的保齡球鞋，相片的張數將隨著他對這個系統的熟悉度逐漸增加。

　　當手語是山迪唯一的溝通系統，他的溝通能力便會受限，他身邊幾個重要的大人聚在一起，決定圖片系統將較符合他的需要，這個攜帶方便且容易被了解的系統使他能與社區中的人溝通，而他的老師基於他最喜歡的活動來選擇照片，幫助他願意使用這新的系統。

　　有時候一個溝通系統並不是很有效，是因為使用者的限制而不是系統本身。一個可能解決此問題的重要做法，就是在嘗試新的溝通系統之前，先將該系統調整得簡單些。以下就是這樣的故事：

　　泰德十三歲，唯一的溝通方式是手語，他一直無法將

「不」的手語及意思學起來，於是他的老師們決定教他「停
止」來取代。「停止」的手語是用一隻手拍打另一手，比
「不」來得簡單而且主動，而且「停止」似乎比「不」對泰
德來說有意義，因為有許多次當他想說「不」時，事實上他
是想要別人「停止」打擾他。

老師們想辦法使手語對泰德更有意義，而非放棄手語，尋找
其他的替代性溝通系統。對泰德來說，「停止」手語的身體動作
比「不」來得簡單，這樣他就更願意去用它。「停止」的意義要
比「不」來得直接，且對泰德有意義。進一步來說，比出「停
止」的手語將幫助泰德從其他同學處得到想要的回應，也就更能
幫助他增加社會性互動的動機。

無法溝通產生的挫折

家長與專業人員都觀察到，缺乏溝通系統的孩子常有不必要
的挫折，而且常易產生問題行為，研究支持了這個常識性的結
論。觀察發現：溝通不良的智障者，比具有良好溝通能力的人更
具攻擊性。無法有效溝通的孩子不能夠適當地尋求注意力，所以
產生尋求注意力式的行為。卡爾和德蘭（Carr & Durand, 1995）
訓練一些尋求他人注意的兒童，進行適當的溝通，以得到老師們
的注意力，結果發現問題行為大大減少，而且學生專注工作的時
間增加了。家長在教導孩子學會有效溝通後，也發現相似的結
果。

　　我的女兒安娜不會說話但極度渴望溝通，這使得她很沮
喪，並導致問題行為與攻擊行為。當她五歲時我說服她的學
校老師教她手語，她六個月內學會三百個字，我們發現那時
她的沮喪和攻擊行為大大減少，同時溝通的意願增加。

另一位母親發現相似的結果：

　　我的九歲兒子蕭恩，除了用手指他要的東西和發出聲音
外，沒有辦法表達他要什麼。我學手語是因為蕭恩在學校學
手語，當他用手語時便比較少發脾氣，因為它能得到他要的
東西。

　　在以上兩個例子當中，無法溝通的孩子感到挫折與生氣，一
旦這些孩子學會手語，而且以他人能理解的方式來表達需求，行
為便明顯地進步了。格外重要的是，家長學會手語並在家中使
用，幫助他們的孩子將溝通技巧從學校類化至家中。

在不同環境中溝通的困難

　　溝通一件不是當下發生的事情，對許多自閉症者是困難的。
部分的原因是他們溝通時，不能在內心裡將未看到的事情圖形
化。這些人需要當下看到，才能談論事情。這使得他們很難將訊
息像是從家裡到學校般從一地傳達到另一地。

　　即使我們重複地問，十歲的羅傑仍不能告訴我們在學校發生了什麼事，他的老師給了他一本日記，老師在上面記載每天他在學校做的事情。現在，羅傑學會怎麼寫，於是老師要他在下午放學以前寫日記，我們也開始要他早上上學以前寫日記，描述前一晚他在家裡做了什麼。這樣，學校的人可以稍微知道羅傑不在他們身邊時做了什麼，有助於他們誘發出羅傑的語言。

　　沒有日記，羅傑不記得也不能看見當天較早之前發生的事，就像他媽媽指出的，日記連接了他最重要的兩個環境，而且幫助大家引起他溝通的動機。羅傑自己寫日記另有好處，那就是羅傑的對話對他更有意義，因為是他自己將對話的內容寫下來。因此，日記使得羅傑跨越兩個環境溝通，這是他原本做不到的。另外一位家長描述了相似的點子，幫助他的兒子將溝通的訊息跨越兩個地方。

　　當大衛年紀較小，大概十歲的時候，他沒有辦法告訴我們在學校發生了什麼事。他雖不知道如何寫作，但有極佳的手眼協調能力和知覺辨識技巧。他的一位老師發現他可以將字母描得很好。她要大衛告訴父母他想說的話，然後，她將這些話寫成句子，叫大衛抄寫下來。利用大衛已有的各種能力，他的老師幫助他與父母溝通。即使他現在已經學會寫

信，他仍然使用這種字母抄寫的方法。

雖然大衛會說話，但是他的記憶力並不足以讓他告訴父母學校發生的事情，他的老師將他抄寫字母的技巧轉換成與父母溝通的方式，利用大衛在精細動作與知覺技巧上的優勢，解決了溝通問題。

缺乏社會性溝通

自閉症者學會溝通且能為人理解之後，仍然有其他的溝通問題。父母常常提及的兩種問題是：不能夠表達自己的情緒，以及缺乏會話能力。這些問題包含了社會性的與溝通的技巧，這是自閉症者的主要缺陷。自閉症者通常對只是為了與人互動而去聊天不太有興趣；相反地，他們溝通的重點在於滿足需求或獲得資訊。父母親常常擔心自閉症者社會性互動的貧乏，這也是自閉症者與其他身心障礙者不同的地方。

卡爾能與人溝通他的需求，但是他的話都是死背的，很不自然，我們總是希望他可以一種較自然的方式說話。當卡爾二十一歲時，他第一次有自發性的對話，每當他發表自己的看法時，我們都很正向地回應他。藉由問卡爾他剛說過的話，我們試著以他的看法進行對話。他現在已經可以維持十五分鐘的對話，而且每天都發表他自己的看法。

　　卡爾在他開始學會聊天之前已經會說話好幾年了，他的父母
用自然的、正向的增強獎勵他兒子的說話。藉由發問，他們擴展
卡爾的看法，協助他的對話更有社會性。由此可看出他們的重點
所在，而且他們開始教導卡爾「有來有往」或「輪流說話」的會
話特性。輪流是成功對話的基石，但對許多自閉症者也是相當困
難的技巧。北斯樂和蔡氏（Beisler & Tsai, 1983）表示大部分自閉
症者沒有學會對談中的對焦或輪流說話，這使得他們的對話是單
向的。為了教導心智障礙兒童如何輪流說話，有一些專家利用一
般兒童當作角色示範，這在大人的監督之下似乎是最有效的。

　　很多父母抱怨自閉症孩子不會表達他們的感受，這使得孩子
和家長都感到挫折。父母擔心他們的孩子身體可能不適但又不會
表達。教導孩子表達感覺的一個方法，就是利用不同的表情圖片
來教導感受的名稱。如果表情並不是直接與當下的經驗連結，有
些孩子可能會有困難。有一種最有效的方法就是在孩子明顯地表
現出情緒來時，說出那個情緒的名稱。

　　　　當我們六歲的兒子吉米發脾氣時，我們教他以字詞表達
　　他的情緒，我們跟他說：「你真的很生氣，因為你想要那個
　　玩具，你可以說你很生氣。」一般來說他能遵照我們的建
　　議，使他發脾氣的時間縮短且出現頻率降低。

　　這個故事帶給我們幾個重要的觀點。首先，他的父母能藉著
抓住他很生氣的時刻，使得「我很生氣」對吉米有意義。當他真

的有情緒時，要他說出他的情緒來，可使情緒與情緒名詞連結在一起。第二，這對父母增強他們的兒子說出自己的感受來，不要發脾氣。他們告訴他訴說情緒是可以的，因而提供了他一個情緒的出口，可讓他平靜下來，也降低了他的脾氣。

社會性規則的缺陷

有時候自閉症兒童似乎是被禁止出現在公眾場合的，因為他們不了解社會性規則。例如：他們也許不知道在教堂與在百貨公司中人們期許的行為是不同的，這使家長感到尷尬，有時候行為問題嚴重到讓一個家庭無法出現在公眾場合。

> 我們喜歡參與每週的朋友聚會，這聚會大都是靜悄悄的，我們想要帶我們的兒子大衛參加，但是無論何時他想到什麼事，就大聲地說出來。漸漸地，我們了解到大衛從來不會小聲說話，所以我們教他如何小聲說話，而且發現他樂在其中。現在我們可以參加朋友聚會，而且大衛再也不會干擾他人了。

大衛的特性就是不了解特定社交情境中的行為規則，他的父母教他小聲說話，而不是不讓他參加聚會，一旦大衛學會小聲說話，他便可以在聚會中說話但不影響他人，也讓父母在聚會中不必耽心尷尬。

既然自閉症者難以站在他人的立場思考，也就無法察覺到他

們的行為正在干擾他人，在音量控制上，他們可能講話太大聲或太小聲，而且無法理解這與他人何干。一般正常兒童可以幫忙示範適當的音量，他們可以協助自閉症兒童樂於與人互動，並增強他們用適宜音量說話的能力。

　　無法適當解讀社會性情境將導致另一種尷尬行為。一些自閉症兒童不能分辨熟人與陌生人的不同，甚至不能以不同的方式對待熟人與陌生人。

　　　我的八歲兒子傑克常在公共場合與陌生人攀談，有時候他會一直講他有興趣的事，而那可憐的陌生人卻不能不聽。所以我們教他只說「早安」或「午安」，看起來他似乎想要一些接觸，而這些問候便能滿足他。

　　傑克只是不斷說他自己有興趣的事，顯然在社交上是不適當的。這也有可能製造機會，讓陌生人利用這些天真無邪的小孩。父母親了解傑克不清楚自己正令他人感到無趣，也不知道陌生人可能傷害他。這種打招呼的點子是很棒的折衷方法，既可滿足傑克接觸他人的需求，也防止了尷尬或麻煩的行為。如果向人打了一個招呼後就停止，傑克就會受到獎賞。

　　自閉症者不知道在公開場合說某些字或某些主題是不恰當的，一位家長提供了以下的例子：

　　　我們十二歲的女兒小珍有個不好的習慣，就是在生氣時

說髒話，我們無法讓她知道這是不被人接受的。最後，我們決定教她說可以被接受的話，這些適當表達聽起來和髒話很像（如：「我的天」取代「天殺的」），而這使得她容易說這些話，她現在用這些話取代髒話了。

小珍表達了她的感覺，但用一種社交上很不討人喜歡的方式，她的父母了解到她不能體認到這行為是不恰當的，他們教導她適當的詞彙，解決了問題，小珍學得很快因為它們聽起來很像她用過的話，而且這些辭彙提供了相同的作用，一個生氣時的出口。

不會說話或溝通技巧很差的孩子，家長都會擔心他們會在社區中迷路。

我十九歲的自閉症兒子傑森不會說話，雖然他懂得一些手語，但迷路時並不會說出名字和地址，於是我們想到一個方法，給他一張身分卡，而且教他在別人問他名字時拿出來給人看。只需付一點費用，監理處可提供一張像駕照的身分證，上面有照片。這張身分證既清楚又容易了解，而且對年紀較大的孩子特別適合。自從傑森學會用身分證，我們便不會對他獨立外出感到緊張。

許多父母與老師們發展出提供身心障礙兒童身分證或手環的想法，並訓練孩子在被問到特定問題，像是「你叫什麼名字？」

或「你住在哪裡？」時給人們看，身分證可以立即被任何人解
讀，而且提供緊急資訊，像是名字、電話號碼、地址和父母的姓
名等。

摘要

　　在本章當中，我們討論了兩大廣泛類型的溝通：理解問題與
語言表達的困難。理解問題包含長句的困惑、記憶力問題、缺乏
視覺線索、無法處理聽覺訊息，以及無法類化意義。在語言表達
方面，我們討論了替代性溝通系統的使用，和在不同環境當中溝
通困難的挫折。我們也討論了處理缺乏社會性溝通與社會性規則
缺陷的實例。

參考書目

Beisler, J. M., & Tsai, L. Y. (1983). A pragmatic approach to increase expressive language skills in young autistic children. *Journal of Autism and Developmental Disorders, 13,* 287–303.

Benaroya, S., Wesley, S., Oglvie, H., Klien, L. S., & Meany, M. (1977). Sign language and multisensory input training of children with communication and developmental disorders. *Journal of Autism and Childhood Schizophrenia, 7,* 23–31.

Carr, E., & Durand, V. M. (1985). Reducing behavior problems through functional communication training. *Journal of Applied Behavior Analysis, 18,* 111–126.

Carrier, J. K., Jr. (1974). Nonspeech noun usage training with severely and profoundly retarded children. *Journal of Speech and Hearing Research, 17,* 510–517.

Coleman, S. L., & Steadman, J. M. (1974). Use of a peer model in language training in an echolalic child. *Journal of Behavior Therapy and Experimental Psychiatry, 5,* 275–279.

Fulwiler, R. L., & Fouts, R. S. (1976). Acquisition of American Sign Language by a noncommunicative autistic child. *Journal of Autism and Childhood Schizophrenia, 6,* 43–51.

Lancioni, G. E. (1983). Using pictorial representations as communication means with low- functioning children. *Journal of Autism and Developmental Disorders, 13,* 87–106.

Lord, C. (1985). Autism and the comprehension of language. In E. Schopler & G. B. Mesibov (Eds.), *Communication problems in autism* (pp. 256–282). New York: Plenum Press.

Lord, C., & Baker, A. (1977). Communicating with autistic children. *Journal of Pediatric Psychology, 2,* 181–186.

Mesibov, G. B. (1992). Treatment issues with high-functioning adolescents and adults with autism. In E. Schopler & G. B. Mesibov (Eds.), *High functioning individuals with autism* (pp. 143–155). New York: Plenum Press.

Mesibov, G., Schopler, E., & Hearsey, K. (1994). Structured teaching. In E. Schopler & G. Mesibov (Eds.), *Behavioral management in autism* (pp. 195–210). New York: Plenum Press.

Schopler, E. (1994). Neurobiologic correlates in the classification and study of autism. In S. Broman & J. Grafman (Eds.), *Atypical cognitive deficits in developmental disorders: Implications for brain function.* Hillsdale, NJ: Lawrence Erlbaum.

第四章

遊戲與休閒

　　和其他小孩一起玩玩具,對年幼兒童來說就像呼吸一樣簡單,多數兒童比較喜歡有兒童陪伴,較不喜歡獨自一人玩。甚至連嬰兒也喜歡人類的聲音而不是其他的聲響。通常,他們會從一堆照片中選出人類臉部照片,而非其他種類的照片。然而,自閉症兒童、成人或其他類似的發展障礙者,上述這些自然的行為對他們來說,都是難以習得的技能。事實上,社會互動及表徵性遊戲(representational play)的困難是定義自閉症的一項重要特徵(American Psychiatric Association, 1994; National Society for Autistic Children, 1977)。自閉症兒童通常會用舔一舔、敲敲打打或旋轉玩具的方式來玩。他們通常缺乏假裝性遊戲或模仿他人的能力;他們也沒有輸贏的感受,經常顯得漠不關心,甚至會表現出敵意,不想玩玩具或是排斥其他兒童。

　　家長與老師提出許多關於孩子們在遊戲或休閒時,曾經遇到的許多困難,例如:當大人不留意時,孩子就馬上開始作自我刺激的行為;即使有很多玩具可以選擇,他們還是重複玩相同的玩具。由於他們奇怪的行為以及缺乏社會性遊戲技巧,所以經常被其他孩子遺忘或取笑。家人們也表示,他們寧可選擇待在家裡,也不願意出門,因為他們的孩子無法在社區內表現出適當的休閒技能。我們藉由這些經驗可以得知,多數自閉症成人容易失掉工作的原因,只因不知如何適當運用休息或午餐時間,而不是他們沒有具備工作所需的能力。

　　另一方面,自閉症兒童或其他類似發展障礙者能夠學會如何玩得盡興,他們通常也需被教導,才有「動機」與「能力」進行

遊戲。儘管有些學校工作人員認為教導遊戲或休閒是不重要的，但是，我們認為所有個別化教育計畫都必須重視遊戲。因為，具備遊戲能力、擁有歡愉是身為人類最基本的權利。自閉症者學習如何獨自遊戲，可以幫助家長或其他照顧者釋放壓力；況且，休閒時間同時提供自閉症成人和小孩與非障礙同儕在活動中彼此分享，這也意味著，自閉症者可從此變得更受他人歡迎，並且得以融入其他手足、學校或社區內孩子的活動。

　　孩子們如果習得如何在公共圖書室或社區游泳池裡獲得歡樂，那麼，他們就很有可能與別人同時經歷有趣的事，因此可改善他們的社會性技巧。對於家有自閉症者的家庭成員來說，建立社區休閒技巧可讓他們也有機會享受假期、擁有其他「正常」家庭所享有的休閒活動。這比大人所認為的工作倫理訓練與遵守都來得重要許多。

學習如何喜歡遊戲與休閒

　　家長們通常很快了解到在他們教導孩子遊戲技巧之前，他們必須先教會孩子能夠「喜歡」玩某個玩具、活動或和其他孩子一起遊戲。一位母親陳述她的挫折感，因為她的三歲兒子無視那輛亮晶晶的四輪車存在。

　　　耶誕節時，我們買了一台漂亮的四輪車送給三歲自閉症兒子賈斯汀。佳節一過，他馬上忽視那台車子，還是繼續他

在屋內奇怪的跑步與走來走去的習慣性活動。我試著把他放進車子內,但他會起身、然後一溜煙地跑開。他很喜歡讓人家搔癢,所以,我想到一個方法,並且請他的哥哥馬克幫忙。我把賈斯汀放進車內,然後搔了他一下癢,同時,他哥哥在賈斯汀跑掉之前便開始拖著車子跑。馬克以小圓圈方式繞著我拖著車子跑,每次當車子被拖著繞圈子、並且靠近我時,我就會再搔賈斯汀一次癢。賈斯汀很喜歡這樣,所以他會找馬克和我一起跟他玩這個遊戲。不久後,馬克可以一邊拖著車子一邊搔賈斯汀的癢,一段時間以後,賈斯汀開始喜歡玩車子,即使沒有人搔他的癢。現在,他的哥哥、姊姊會載著他在社區內到處跑,而且賈斯汀也開始變得很喜歡幫其他坐在四輪車內的人拖著跑。

母親察覺到賈斯汀對於玩四輪車一點兒也不感興趣,因此,為了教導賈斯汀有用的遊戲行為,母親便利用賈斯汀的喜好。當賈斯汀坐在四輪車上時,母親搭配使用賈斯汀愛被搔癢的喜好,最後,她可以減少搔癢的次數(頻率)。這樣一來,使得此項遊戲成了賈斯汀喜愛的活動,同時也幫助賈斯汀的手足和他在住家附近一起互動遊戲,並且也讓其他孩子能夠和他們玩在一起。

其他的母親也有很類似的情況,這位母親教導孩子如何喜歡坐在搖椅搖擺。

我的兩歲大兒子湯姆像是動個不停的模糊影子,他從不

乖乖地靠著或呆坐在我的大腿上，或者是自己乖乖坐在搖椅上。因為他喜歡走動的感覺，所以我就把他輕輕抱起來，繞著屋子快步地跳舞和唱歌。剛開始我沒有抱很久，只是在屋內抱著一會兒。漸漸地，我可以增加跳舞和唱歌的時間，而且他也願意被我抱得更緊一點。不久，我可以抱著他坐在搖椅上，同時我會唱「跳舞歌」，同時快速晃動搖椅。湯姆可以乖乖坐著是件好事，因為他已經長大、變得愈來愈重了。之後，當他感到疲倦或不高興時，他就會自己爬上搖椅自己搖。

湯姆的母親決定只有讓湯姆親身體驗，他才會享受身體接觸以及搖晃的樂趣。母親將抱的動作搭配湯姆最喜愛的走動，所以最後她教會湯姆自己坐在搖椅上搖擺，並且當自己覺得不高興時，湯姆可以藉此自我安撫。

有時候，搭配性的方式可導入其他孩子與其互動。

三歲的雷蒙喜歡老師把他抓起來，但是不願意其他的孩子加入他所有的活動。剛開始，老師選了一首兒歌，並且把雷蒙抱起來在空中旋轉，然後讓他坐在老師的膝蓋上做彈跳動作，如此一來讓雷蒙很喜歡與老師互動。一旦雷蒙開始喜歡膝蓋彈跳與被抱起來的活動時，雷蒙會在固定時間主動開始玩這樣的活動。於是，老師將活動擴充，讓其他小朋友一起加入活動，老師只在其他小朋友也在膝蓋上時，雷蒙才可

以玩彈跳遊戲。由於雷蒙很想玩這樣的遊戲，所以，他一定
會找他的彈跳伙伴。剛開始與其他孩子玩彈跳遊戲時，雷蒙
無視於他們的存在，後來，他會和其他孩子一起嬉笑，並且
希望其他小孩能夠和他一起玩遊戲。

從這例子中，我們知道其他孩子成了雷蒙參與一項他所喜愛
活動的「通行證」。最後，他學會去喜愛與其他孩子在一起。至
於體格比較不壯碩的老師，可用共同搭乘四輪車、或者其他喜愛
的活動以代替膝蓋彈跳活動。

有時候，必須利用一對一的時間來克服孩子對某種遊戲的恐
懼。

班上現年五歲的羅傑很害怕盪鞦韆，於是我決定慢慢地
讓他習慣。我讓他坐在我膝蓋上，我們只在盪鞦韆座椅上搖
一下，每天有五次的機會這樣做。兩個月後，他願意自己盪
鞦韆，並且似乎開始喜歡這項遊戲，他現在會要我抱他坐在
鞦韆的椅子上。

因為老師知道盪鞦韆最後可成為羅傑喜愛的遊戲，所以她決
定讓羅傑體驗盪鞦韆的滋味。同時，老師十分細心地知道羅傑需
要更多的安全感，所以，她以小步驟的方式進行，這樣一對一的
作法十分成功。

有一類似的故事來自另一個家庭成員，當發現自己的兒子不

願意參與他們十分熱衷的乘船活動時，他們感到十分挫折。

當馬克兩歲半時，我們全家去湖畔度一星期的假，因為我們是釣魚及乘船的熱愛者，所以我們一路拖著船到達度假目的地。

第一天晚上，我們決定全家人一起坐船繞湖一周，當船在湖上行駛時，馬克用盡全身的力氣大聲地尖叫，我們用盡各種方法想要安撫他，但絲毫無效，最後只好放棄將船開回岸邊。

我們知道他並不害怕馬達的噪音，他從來不會因為高分貝噪音而感到驚嚇。（事實上，在那之後他被誤診為「聽力嚴重損失」。）

隔夜晚上我把他緊緊地抱在我的膝蓋上，並且一邊唱歌給他聽、一邊擁抱著他，而且我們決定乘船二十分鐘。隔天晚上我們同樣這樣做，一樣抱緊馬克、讓他覺得有安全感，也是乘船二十分鐘。

直到假期結束之前，再也聽不到馬克的哭喊聲了。如今，馬克已經十三歲了，他總是坐在船頭的第一個位置。

因為這家庭希望馬克喜愛乘船，所以他們盡可能地讓乘船的經驗充滿喜悅。歌聲、坐在爸媽膝蓋上一對一的安撫，以及剛開始的短時間乘船安排，全都是用來幫助馬克趕走恐懼、建立興趣。雖然剛開始家人經歷了頗為惱人的經驗，但終究讓大家享有

一個較無壓力的假期，且讓所有成員擁有共同的休閒活動。

　　一位父親在家庭游泳池應用了類似的方法：

　　　　我們總算有能力建造一個家庭泳池。為了安全起見，所有家庭成員都必須具備游泳技能，然而，我最擔心的就是我那十八歲大的自閉症兒子狄恩。我一開始在水裡陪在他身邊教他如何游泳、教他如何在水中擺動身體，使身體移動，剛開始需要給他一些鼓勵的話語，後來他完全可以自己做到。儘管狄恩不是一名游泳專家，但他現在喜歡親近水了，我現在也就毋須再操心他待在水裡的安全問題。當狄恩的朋友游泳時，他也能夠適當地參與。

　　這位父親展現出運用身體示範、引導兒子學習游泳的耐心與毅力。儘管準備了特定的遊戲或休閒場所與器材，自閉症兒童也難以自動地具備遊戲或休閒技能。剛開始，我們須直接且有系統的教導他們，就如同教導其他發展技能一樣，任何一項遊戲與休閒技巧最好分成多個小步驟，然後，按順序、依各個小步驟讓他們一一學習。以狄恩的例子來說，身體各部分的動作都需以小步驟分別教導。向狄恩示範身體動作各種步驟的方式，較能幫助他了解我們所預期的行為目標。狄恩的父親也示範如何自己游泳，並且從旁給與口語提示，用來提醒他在整個游泳過程中，他所熟悉的步驟緊接著的是哪個步驟。如今，狄恩習得一項有用的休閒活動，而且，即使狄恩靠近泳池時，他的父親也可享受片刻寧

靜，毋須擔心狄恩的安全問題。

改變遊戲享受樂趣

　　身心障礙之成人或兒童通常因不擅長某項特定活動，導致他們難以從中獲得任何樂趣。有時候，改變一下活動器材、規則或者是活動原有的進行順序，可讓他們從中獲得許多樂趣。

　　　梅莉莎除了具備自閉症特質外，還兼有感覺統合的問題。我很高興她和一群年輕朋友到保齡球館，因為我認為保齡球運動以及同儕朋友的陪伴兩者都對梅莉莎有幫助。可是，她對玩保齡球感到十分困惑與困難，於是她又拍手又大叫，直到每個人都瞪著她。後來，她的一個朋友就帶了一具三英呎長的鋁質溝槽放在發球線之前，於是，梅莉莎不用計算發球前的步伐數、也不至於會把球丟得太偏；在沒有溝槽輔助之前，這對梅莉莎而言是很困難的。她現在只要把球推進溝槽、使力讓球往前滾動，然後就可把球瓶推倒，同時隊友就會為她歡呼，當天晚上的那場球賽，梅莉莎最後拿了很高的分數。現在她總是期盼外出打保齡球，每當所有球瓶都被她的球推倒時，她的反應只有一種手勢，就是她會與好朋友高高的伸開五指、互相擊掌叫好。

　　　沒有人喜歡無成就感的活動。體貼的球友調整所需的球技程

度，配合梅莉莎的極限，因此，梅莉莎得以自在地享受玩保齡球的成就感，以及支持她的朋友們的歡呼聲。

下面是另一個調整器材的例子：

> 我們五歲大的兒子丹尼不喜歡一般的鞦韆，因為他坐上去時，他的腳搆不到地板，所以，他自己一個人沒有辦法讓鞦韆擺動，這樣子讓他感到很不舒服，因為就算別人幫他推，他也不喜歡自個兒無法讓鞦韆停下來的窘況。於是，我們吊了一個輪胎作為鞦韆，他可以坐在輪胎中間，然後用碰到地板的腳推動鞦韆，他很喜歡這樣的活動。

盪鞦韆讓丹尼感到害怕，因為他自己無法控制鞦韆擺動或停止。自從他的父母親調整鞦韆之後，丹尼就較喜歡盪鞦韆了，因為他可以踩到地板、能控制鞦韆的擺動，他也變得較為獨立自主了。

家長常為年幼家庭成員調整遊戲規則，讓小孩靠近投擲目標一點，例如籃球框、豆豆袋、飛鏢板前面，而規則的改變可幫助孩子從事活動。

> 我的兒子段特很想和哥哥麥克一起玩壘球，但是他接球和投球能力都不好，甚至無法用球棒打到球。當別人不讓他玩球時，他就會在一旁抱怨、發牢騷。某天，麥克就跟他說，只要他不跟跑者說話或碰他們，當有人打擊到球時，他

就可以跑去一壘旁的教練箱那兒。現在，只要每次有年紀較長的小孩擊中球，段特就可以在邊線之外跑到教練箱。他跑步的速度變得較快了，而且其他小孩也不介意他在周圍，至少他不會在旁抱怨、發牢騷，甚至現在還會和他一起練習接球。如此一來，至少當他想和同年齡小孩玩時，他就可以正式上場打球或者是參加跑步校隊。

哥哥麥克很有耐心，找到讓段特融入球隊的方法，並且讓彼此都感到十分愉快。其他關於家長或老師所建議的規則調整方法還包括：不用等到三振，可以讓每個小孩輪流上場打擊。

桌上遊戲或者是較為靜態的活動也可以有所調整，好讓自閉症孩子們容易參與其中，同時所有人也都能夠獲得樂趣。

十歲的自閉症孩子鮑伯，是三個年紀相仿孩子中最小的，其他兩個較大的孩子總是會調整遊戲規則或者是刪除對鮑伯來說較難的部分，好讓鮑伯也可以參與他們的遊戲。例如市面上的大富翁遊戲，每次所移動的步伐數是兩顆骰子的總合數，但是，當鮑伯玩這個遊戲時，每個人都只用一個骰子決定步伐數，這樣一來鮑伯就不會那麼困惑，而且遊戲依舊有趣。

這家庭改變了遊戲規則，好讓遊戲能夠符合鮑伯的學習與理解能力。為了減少困惑，每個玩遊戲的人都使用同樣的規則。大

家所用的遊戲規則愈具體，自閉症兒童愈能夠參與其中。

使用結構

　　有時，家長若能提供孩子結構，可幫助他們發展出社會或休閒技能、讓他們了解預期的行為是什麼。

　　因為多數自閉症孩子在結構化的情境學習效果最好，所以，一開始在環境周圍安排一處特定地方，讓孩子可以從事遊戲或進行休閒活動。這樣的空間不用太大，但是需要有明顯的界線，好讓孩子了解在此區內可以做什麼或不可以做什麼。有個祖母和母親便利用這樣的「區域」教導小孩適當的休閒技能，同時，她們也解決了孩子破壞性的行為問題。

　　　　三歲半的傑克喜歡快速翻閱雜誌和書本，結果，每一頁都被他撕掉了。於是，我們就將所有值錢的東西都收起來，幫他準備一處閱讀角落，角落裡有一把椅子、過期的目錄冊和雜誌。任何時刻傑克想玩時就可以在那裡玩，之後，他再也沒有去動其他的書籍了。祖母家也安排閱讀角落，所以當我們拜訪祖母時，傑克就可以高興地待在角落裡。

　　安排閱讀「區域」可幫助傑克固定待在某個地方，因此，大人也就毋須隨時隨地留意傑克的行蹤。這樣的區域讓傑克了解可在那裡翻、玩書本或雜誌。當傑克知道如何小心翻弄紙張之後，

便可開始提供屬於他自己的目錄冊或雜誌，並且允許他做他想做的事，這樣一來，其他書籍也就不會因為傑克的興趣而遭到破壞。由此可知，家長著眼於孩子對書的特殊興趣，且建立那樣的興趣，卻不把那樣的興趣視為破壞行為而加以管教。

在非結構化的自由活動時間，自閉症孩子通常會出現自我刺激或追逐的行為，因而導致問題行為。下面家長遇到許多家長都曾面臨的窘境──當孩子被要求獨自遊戲的時候。

我的八歲兒子馬利歐目前就讀公立學校，該學校堅持特殊孩子須與其他正常孩子一樣從事相同的活動，包含每天三次各二十分鐘的休息時間在內。休息時間完全不具結構性，所有孩子可以去玩他們想玩的玩具，但是，對我兒子來說卻造成他的壓力，他總在遊戲場圍牆邊走來走去，不然就是撿起樹葉或青草灑落地上。我向學校老師解釋我的兒子無法自己想出或找到遊戲玩。現在，在休息時間之前，老師會提供一些我兒子會玩的遊戲器材（像是各種球或是繩索）；另一方面，我們在家也會教他如何玩這些東西。儘管馬利歐仍然無法自發性地與其他孩子一起遊戲，但是至少現在在遊戲時間再也不會讓他感到壓力了。

因為休息時間學校老師並沒有提供活動或相關的練習，所以，馬利歐因此而經常感到焦慮。這可能是因為他自己還不知如何利用時間，或者是因為他尚未具備足夠的知能，無法了解如何

進行或加入其他兒童正在玩的遊戲。當老師告訴他該做什麼時，也提供器材以及固定的遊戲時間，這使得馬利歐的遊戲表現變得更為適切。如此一來，可能會促進其他兒童加入馬利歐的遊戲，或者鼓勵馬利歐加入其他兒童的遊戲；然而，通常要老師對同儕學生進行特定的訓練才能促進互動。

　　在激起兒童興趣或提供結構時，我們所選擇的器材或材料是很重要的。新而完整且與年齡相符的器材可促進遊戲的趣味性，也有益於邀請其他兒童加入遊戲。可將兒童偏好的玩具拿走，換上類似其偏好的玩具或者其他的玩具，以增加兒童遊戲的種類，因為這些兒童常常重複地玩一個或二個玩具。提供可回饋的玩具通常可引起兒童的動機，就像玩驚奇盒時，每次上完發條後，人偶就會蹦跳出來。以這個例子來說，玩具本身提供了結構，而且玩具不要求孩子一定要懂各種象徵性的意義，或要有複雜的遊戲基模。

　　一九八〇年在美國自閉症協會所出版《他們如何成長》（*How They Grow*）手冊中，報告家長和老師發現下列的玩具很有用，可作為自閉症兒童的玩具：
- 可用來玩沙或玩水的各式容器、剷子以及篩漏之類的工具
- 錄音機、音樂盒以及玩具樂器
- 搖搖樂或跳跳馬
- 書籍
- 拼圖玩具
- 形狀辨識玩具

- 木栓板
- 紙風車或會旋轉的玩具
- 建構性的玩具，例如樂高積木
- 會發出聲音的玩具
- 球，尤其大球
- 大型紙箱，像是裡頭裝有軟軟材料的玩具電冰箱
- 黑板或白板、描繪材料、串珠子、穿線板、畫簿或貼紙書

想要找出那些可以吸引兒童興趣卻又不至於引起他們許多奇怪或標籤式行為，實在不容易。以下是一個成功的案例：

在吉姆三歲半時，他非常好動而且很會破壞東西，所以沒有太多的遊戲或玩具可讓他興趣不減，並且持續的玩。最後，我們發現後院軟土堆裡的一個窪洞，旁邊擺上一些玩具卡車或汽車、舊湯匙和容器，就可讓吉姆玩上幾個小時。

吉姆的家長能找出引起他動機、並且讓他有事做的材料，這些材料讓吉姆的興趣維持很長的一段時間，同時，他玩的遊戲也很適合與同年齡孩子一起進行。

一些研究者發現鼓勵孩子玩玩具、並且提供增強（口頭獎勵或食物），可增加玩玩具的興趣、減少自閉症者的典型行為。在行為表現之後立即提供增強物，常被用來增進各種學習的動機，並用以獎賞兒童技能的進步。如同這些家長所做的，通常增強物

要直接融入活動之中以增進兒童的技能。

　　另一家庭發現他們的假期變得比較乏味，因為他們得擔心兒子的安全。直到他們使用結構之後，情況才完全改觀了。

　　　　我們家有幢位在湖畔的夏季別墅。家裡十歲大的自閉症兒子卡爾不會游泳，但卻很喜歡玩水。過去，我們總是需要擔心他的安危，必須隨時隨地留意他的行蹤。之後，我們想出一項簡單的安全措施——我們計算湖邊的椅子到湖中最遠且可安全戲水的距離，也就是說，湖水不超過卡爾頭頂深度的位置。之後，我先生拿了兩個加了重量的柱椿，放在水裡，並且利用兩張椅子，形成一個四邊形的空間，在四邊繞上綁了許多彩色浮筒的繩子。現在，卡爾可以自己待在「救生員」繩子的界線內，而當我們坐在湖邊椅子上觀看時，他可以自己在湖裡玩水。

　　這對家長並非不要盯著卡爾，他們只想坐在一個地方一段時間，毋須隨時追著卡爾或要從深水處救他出來。於是，他們藉由這樣的方法，他們不但得到休息，也確保孩子的安全，此法同時也讓卡爾更加獨立，因為清楚的界線讓他可以控制自己的活動範圍。

　　有時，所謂的結構可以採用規畫好的例行性運動時間表。天天運動讓很多人感覺很好，也較易放鬆與入睡，更有休息的效果，多數人都有意努力天天運動，即使只是走一段路。

一位母親採用運動安排她兒子部分的休閒時間：

> 我的十六歲兒子提姆，如果從事沒有結構性的活動，他
> 的注意力會很短暫而且會變得過動，造成學校和家裡的困
> 擾。後來，每天早上他和我一起慢跑五英哩。在有慢跑的那
> 一整天裡，他在學校及家裡的表現就會比早上沒做運動的時
> 候好很多。

提姆的母親發現運動有助於他的學校表現，也可預防在非結
構情境下的問題行為。同時，他的專注時間因而增長，也較能接
受別人所建議的休閒活動。提姆的母親找到了一項她和兒子可以
一起進行的運動。他們可進一步加入地方上的跑步社團，或者參
加地方短距離的田徑賽，同時，不難想像提姆的母親現在身材一
定棒透了。

另一位母親也分享了相似的經驗：

> 我的十歲女兒辛蒂非常好動，我們發現當她沒事做時，
> 她就會很激動、興奮。於是，我們教她藉由跳跳床或跑跑步
> 機發洩精力，這樣的安排使得辛蒂的活動表現符合常規。她
> 喜歡跑步，如果每天讓她跑步兩次似乎可助她平靜下來。

當辛蒂很興奮時，她的好動可能很快就會造成困擾，然而，
藉由適當的休閒運動不但可以耗盡她的精力，也可幫助她平靜下

來。辛蒂父母親所選擇的活動可用到孩子長大直到青春期以後，因為那些運動適合任何年紀的人。

有其他家長發現，這類對於解決孩子過剩精力問題的結構方法，也帶來使家具免於受損的好處。

十七歲的吉姆有一點兒過動（隨著時間的增長，他似乎漸漸的變得不那麼過動）。在吉姆把兩個沙發跳壞之後，我想到可以買跳床，剛好吉姆也喜歡。雖然之後跳床只用了一年，可是我們不但保住了家具，而且還幫助吉姆維持標準身材，並提供他一項休閒時可用來發洩精力的活動。當吉姆了解自己需要發洩精力時，他知道自己該去跳床那兒做運動。

青春期孩子通常需要管道去發洩他們旺盛的精力，所以，吉姆的母親發現跳床是一個必要且有用的器材（很多家長都曾提到這個）。跳床幫助吉姆適當地運用休閒時間，另一方面，他本身也喜歡跳跳床，這不僅幫助他維持了好身材，當他覺得緊張或焦慮時，跳床也提供了一個特殊的場地以及活動，讓他可以控制自己的情緒。

研究也指出運動可以減少自我刺激行為，並且增進適切的遊戲與學業表現。也有學者證明不同程度的運動（從溫和的到激烈的運動）會對拍手或重複性行為有不同程度的影響。較激烈且連續十五分鐘以上的運動，像是慢跑之後，可減少自閉症者的刻板行為，成效要比玩球來得好。

當年紀漸長，運動能力成為許多工作必備技能之一，很多工作通常需要站立、彎腰、抬高或推拉。如果早點養成韌性與耐力，便比較容易進行令人滿意的工作安置。有位老師要求學生每週要有幾天至體育館內進行負重訓練，這樣的活動不僅帶給學生健康，也提供令他們有趣的活動與技能，而且得到普通同儕的敬重。

美國自閉症協會一九八〇年所出版的《家長手冊》中，列了許多自閉症家長所推薦的各種戶外器材：鞦韆（繩索式、輪胎座椅或傳統的）、溜滑梯、有輪子的玩具（四輪車、三輪車）、攀爬用高塔、各種體操運動器材、跳床、滑板和旋轉鼓。當孩子漸漸長大，技能更高超後，他們可能將其精力用在騎腳踏車、溜冰、玩飛盤或者保齡球這一類的活動。

善用優勢

誠如多數家長熟知的，有時找一項孩子可以從事的活動或運動，會比吸引他們去做來得容易多。有些家長發現成功的祕訣在於利用兒童自己的興趣或者優勢能力。

有時，需要運動來放鬆因藥物／焦慮或緊張所引起的肌肉僵硬。

當我們兒子狄恩十五歲大時，他所服用的藥物會引起他肌肉僵硬。為了克服這一點，我們試著教他例行性運動，並

玩體能性遊戲。但他似乎一點也不喜歡，根本不想嘗試，所以我們對他的肌肉僵硬問題一點辦法也沒有。最後，我們決定選一項他已學會並且喜愛的運動，取代教他學新運動的想法。對狄恩來說，這項運動就是騎腳踏車了。他喜歡騎車，騎車讓他輕鬆自在，並且也有放鬆僵硬肌肉的預期效果。

狄恩的家長知道運動可能有助於鬆弛肌肉的僵硬問題，於是他們找了一項他已經學會的運動，好降低運動可能帶來的挫折感。運動一段時間之後，確實有放鬆狄恩肌肉的效果。

各種戶外運動通路如雨後春筍般成立了，這類設施提供了例行性運動或訓練的場所與動力。

我的十二歲大兒子卡爾有強烈的強迫性行為，且酷愛規律性活動。他參加當地的衛塔訓練課程（Vita course）。這套特殊的課程有十座不同的運動站，每隔一英哩半長安置一座。舉例來說，其中幾項運動項目分別是手臂擺盪、仰臥起坐、拉彈簧和倒立走路。卡爾會以慢跑方式穿梭在各運動站之間，完成各個運動站圖示的運動。因為訓練課程非常具有結構和規律性，所以只要他一旦開始做，就不需要任何額外的動機了。卡爾現在也結交了一些常參加課程的朋友，當他們擦身而過時，會彼此互相招呼。

這家庭沒為孩子計畫每日運動內容，他們只運用了社區資

源，因為社區內已有現成的健身設施。規律的運動課程內容讓卡爾有動機投入其中，根本毋須他人強迫他做運動。同時，這樣的休閒運動技能也能讓他人與卡爾同樂。

衛塔訓練課程是引起兒童運動動機的不錯方式，但是，在正式課程實施之前，自閉症兒童需先予以個別教導與復習，家長或老師可能需要把所有運動編序與編號，然後將號碼畫在圖上，讓孩子把號碼圖卡帶到班上去，就像下面這位老師所做的一樣：

> 每天早上，我那正處青春期的學生們和我都會固定做運動。一開始，每個人都搞不清楚動作名稱、順序，還有該如何完成動作。現在我利用每個動作一開始位置的照片，並且按前後順序排列所有照片，當然，每天的順序可以作變化。這樣的方法讓學生透過視覺管道了解下一個動作是什麼。

這位教師知道藉由孩子可了解的方式，養成孩子天天持續運動的習慣很重要。有編號的照片和簡單的圖案可降低孩子的焦慮感，不必擔心要如何動作及動作的順序。所以，現在他們再也不用那麼焦慮，而且覺得運動有趣多了，因為他們了解動作及其順序，即使動作順序有所改變也難不倒他們。由於學生喜歡規律性，所以一旦他們了解要做些什麼，他們就會享受運動與學習的樂趣。

有時，光是規律性很難促使孩子有足夠的動機投入活動之中，因此，以下實例中的教師決定善用學生的固執性興趣，將弱

點轉化成為優點：

> 我班上的尼可是一個體重過重的十一歲男孩，他十分著
> 迷幾何圖形，很難驅使他加入大動作的活動中。最後，因為
> 他喜歡圖形的興趣，所以我要求尼可在學校走道上所有三角
> 形和正方形圖案上慢跑。現在他每天都跑步。

有時，想讓過重的孩子投入對他們有益的跑步活動很困難，
但這位老師藉由孩子喜歡圖形的興趣，促使她的學生願意去運
動。當學生享受他的樂趣時，也進行有益於健康的活動。

甚至，有些時候遊戲的樂趣十分短暫，因此有些孩子很快就
會覺得無聊、失去興趣，一位母親找到一個能讓她孩子在乒乓球
遊戲裡增加注意力與興趣的方法。

> 我想要教我十二歲大兒子尼爾學會互動遊戲。雖然他會
> 打乒乓球，但是他不會計分，所以他會覺得很無聊，之後便
> 亂打一通（把球打到天花板……等等）。為了讓他可以保持
> 適當的打法，於是我們改算兩人一來一往連續擊球的次數，
> 而不進行傳統計分，因為這對現在的他太難了。尼爾很積極
> 地讓擊球數盡可能的高。

尼爾了解擊出較高球數的概念，並且對此感到興奮，家長調
整活動內容以符合尼可的層次（因為他不了解乒乓球傳統計分方

式），同時，他利用尼可喜歡數數的興趣，驅使他願意持續擊球，且有機會不斷數數、數得更久。這又是一個善用孩子的興趣以及優點的例子。

安迪體重過重而且不喜愛運動，讓他母親面臨了雙重挑戰。她找到一個促使孩子願意從家裡跑到郵筒好幾圈的方法：

> 我的十五歲大兒子安迪不喜歡運動，因此變得很胖，我的問題便在於無法要求他做運動。他對電視和雜誌非常有興趣，尤其對運動計分的數字感到興奮。於是，我計算家裡到郵筒的距離，並且計算出一英哩的距離要跑幾趟。之後，我在冰箱裡只放低熱量食物。如今，我兒子很喜歡跑步、計算每天所跑的英哩數、計算卡洛里和談論運動記錄。

這位母親知道要求安迪跑步或吃特定食物一定會被他抗拒，相反地，母親安排了符合安迪興趣的活動，並且將安迪所感興趣的數字融入運動之中作為增強。

教導兒童遊戲與休閒活動的另一個重要理由，便在於當大人無法與他們一起活動時，兒童們可以自己運用這些技能。另一方面，家長也需要有時間照顧其他家庭成員，所以，有時需要離開孩子、讓孩子獨自遊戲。

一位母親很喜歡與她的孩子一起進行下列自由時間的活動，但是，有時候當母親休息或要做自己的事時，她的女兒也可以自己一個人完成。

　　十一歲的凱西在學校喜歡閱讀和寫字，但在家裡，她找不到一項可以自己做的活動。於是，我幫她訂了一份小學程度的讀者週刊，讓她在家裡的空閒時可以閱讀。有時，我們會一起看週刊，透過週刊的故事、拼圖和其他內容有助凱西的學業。正因為週刊內容與在學校她所接觸的題材不同，所以她不會感到無聊，而且，每份週刊都有足夠的主題，至少能讓她專注二十分鐘以上二至三次。

　　因這類活動是凱西能夠自己做、毋須家長協助，所以，這與家長幫其他普通兒童安排休閒時間沒什麼兩樣。藉由引導性閱讀方案的安排，這位母親促使她女兒善用休閒時間，而當女兒有活動可做時，母親可以去做其他事。

　　下面是另一個兒童的實例，這位兒童需要家長的建議，以協助他更有建設性地使用休閒時間。

　　我們十三歲大的兒子有許多和非障礙孩子相同的興趣。傑瑞可以坐著專心聽搖滾音樂一段時間，為了讓他這樣的興趣更有意義些，所以我們建議他在聽音樂的同時可以畫畫。後來，他在學校的才藝比賽得到第一名，讓我們很驚訝：他用幻燈片呈現他的所有抽象畫，同時配合播放一首他所喜歡的搖滾樂。

傑瑞在休閒時間從事與年紀相符的搖滾音樂欣賞活動，但是他的家長希望增加變化，於是建議傑瑞畫畫。如果我們已成功指導孩子繪畫的基本步驟，那麼就會有許多的美術或美勞活動都是非常適合孩子獨立完成的。家長藉由傑瑞對音樂的興趣，並且順著他的興趣，因而發現一項如假包換的才能，讓許多也聽搖滾樂的普通青少年的家庭羨慕死了。

社會化與融入社區的發展

同儕互動

一旦孩子的遊戲與休閒技能發展之後，通常他們的兄弟姊妹或鄰居兒童較能自在地與那些障礙孩子同樂，而自閉症兒童可能仍需協助與增強。但當他們擁有與其他兒童成功的互動經驗之後，這些互動經驗便成為進一步互動與較高技巧發展的動機了。

在接下來的實例中，家人利用兒童已發展出來的遊戲技能，幫助他與鄰童玩在一起。

我們十一歲大的兒子佑進是個喜歡在家具上跳來跳去的孩子，我們後來成功的將這樣技能轉至跳跳床。通常跳床會擺在地下室，這樣子他才不會受其他物體的限制。但是，在暑假期間的幾個月內，我們就會把跳床移到走廊，因此，一些鄰居的小孩也可以在上頭輪流彈跳。

　　自閉症兒童通常只在團體的邊緣遊戲，因為他們不具備加入他人遊戲的技能，而上述的情況是自閉症兒童擅長跳跳床，所以，其他孩子會想要和他一起跳。一開始，當其他兒童在場時，大人得安排一下，規定玩跳床的順序以及每次輪流的時間，如此一來，自閉症兒童才能了解很快就會輪到他（她）玩，而這裡為自閉症兒童提供的協助，也不會太為難鄰居兒童。

　　另一家庭運用自閉症兒童與鄰居兒童互動的機會，培養他（她）擁有進一步的遊戲技巧。

　　　　當我們九歲大的女兒蒂娜看到鄰居小孩時，她想要和他們一起玩，但卻無法跟上團體。於是，我個別邀請十分願意和蒂娜玩的孩子來和她玩。這樣一來，我女兒可以玩其他孩子所玩的遊戲，並且較容易掌握遊戲的訣竅。也就是說，她沒有辦法加入一群孩子在人行道上溜冰的遊戲，但是，她可以和一位朋友待在車庫裡，配合錄音機傳來的音樂一起享受溜冰的樂趣。

　　上述的兩個例子道出家長如何成功建立互動的遊戲技巧，因為，她們皆運用了孩子已經成功學會並且感興趣的活動，像是跳跳床或者和其他小孩互動。老師們也都了解一旦遊戲或休閒技巧已經個別教導之後，若有一般正常兒童同儕作為遊戲伙伴，可幫助自閉症兒童學習合作性遊戲及社會性技巧。有一位低年級老師便善用了這樣的方法：

　　我的學生很難回歸到一般班級上體育課。當和所有學生一起進行各種活動時，自閉症學生會膽怯，會有很多拍手的動作或者製造許多噪音。於是，我認為如果自閉症學生能夠先在較不複雜的情境下學會規則，他們應該就可以表現得更好。我要六個普通班的學生來我們教室上體育課。這在一個控制的環境下，提供了我的學生良好的同儕模範。同時，普通班學生也較能了解自閉症兒童，並且幫助他們在大團體中學習如何正常表現。我們會一起玩團體遊戲或者是桌上遊戲以及跳舞，而現在，我的自閉症學生都很期待到一般班級和他們的好哥兒們一起玩其他人所玩的遊戲。當任何一個自閉症學生感到困惑或分心時，他的死黨知道如何讓他回過神來，跟上大家的活動。

　　這位老師了解孩子是遊戲的專家，那些學生便是訓練自閉症學生遊戲技巧的好榜樣以及小老師，大人只是做一些安排並給與引導而已。另一位老師也將正常同儕合併到她班級的遊戲團體中，並且準備了如何與自閉症兒童互動的說明小冊子，冊子內容告訴他們自閉症學生和他們的異同。同時，也條列出與自閉症學生相處的秘訣，例如：有時候你必須專制些。

運用社會休閒與娛樂設施

　　與正常同儕遊戲的其他途徑便是利用當地公園和休閒活動。

　　每次帶我那無障礙的兒子小喬去上游泳課時，他的姊姊
愛琳就會哭著求我們讓她去，於是，我得抓住她或和她在池
邊繞來繞去直到兒子上完課。有一天，愛琳掙脫我握她的
手、跳進淺水池裡，懊惱的我馬上衝到池子裡把正在踢水和
尖叫的她給拖出來。後來，第二次再發生時，教練馬上要求
我要把她拉出來，但看到她很高興地在水中打水的模樣，我
對教練說：「如果你想讓她離開，你得自己動手！」因為教
練記得第一次發生時的狀況，所以他就讓愛琳留在池子裡。
不知是因為孩子從前在水裡哭叫，現在卻是高興地打水；還
是因為教練的專業知識說服他向中心主任報告這件事，現
在，愛琳也開始上游泳課了。

　　這位母親最後不想再支持休閒中心將障礙孩子驅逐的作法。
在這案例中，很幸運的是愛琳沒有因為跳入水中而受到傷害，母
親因此意識到身為障礙兒童的家長應給與孩子社區休閒活動的機
會。現在，多數社區已經做到這一點了。然而，有時兒童仍然沒
有參與社區的活動，因為家長不知道他們擁有這樣的機會或權
利。如果家長發現在社區休閒中心沒有適合的設施時，他們或許
可以自助，讓住家附近擁有某些設施以符合孩子的需要。
　　其他的社區休閒機會也可為自閉症者帶來歡愉的經驗，就如
同下面所描述的例子，休閒技巧與休閒行為在自然環境中學習效
果最好。

　　幾週以前，當五歲卡洛的姊姊到當地溜冰場溜冰時，他也跟著一起去。當時，我壓根兒沒想到卡洛可能學會溜冰或喜歡待在溜冰場，於是，我心理早準備好要面對卡洛的哭叫、或追著他跑。可是到了現場，他竟然會願意穿上溜冰鞋，並且在獲得許多鼓勵與稱讚之餘，他可以抓著溜冰場欄杆或我的手溜冰。從溜冰當中他獲得許多樂趣，並且感到驕傲，於是，我們現在開始嘗試其他社區經驗，像是到社區圖書館或游泳池活動。

　　儘管卡洛的母親當初懷疑他學會溜冰的可能性，但對他們而言，這是一次愉快的經驗。假若卡洛繼續保持對溜冰的興趣，並且有機會到溜冰場，相信等他到青少年時，一定能發展出一項持久的休閒技能。

　　度假也是家庭所關心的。家長們指出：剛開始時如果先租用度假小屋，家人們可擁有自己的私人空間，不需接觸到其他度假人潮，像是小木屋或者海邊的房子，有時是有幫助的；以後再嘗試較為擁擠的環境，如汽車旅館。此外，也有家長指出因為需處理孩子的強迫或固執行為，所以，可以事先跟孩子解釋，並依照時間前後順序，向孩子展示一些與度假所待地方有關的照片（坐汽車、至山上、住小木屋、坐汽車、回家）。

　　儘管遊戲與休閒不如攻擊行為的解決或生活自理技能的培養那樣迫切，但是，缺乏這類技巧必然會使得孩子無法融入同儕和

社區生活。本章所陳述的實例顯示出家長和老師都可極富創意的解決問題，並且了解如何有效地善用孩子的興趣、能力，好讓孩子的遊戲與休閒技巧有所成長。

參考書目

American Psychiatric Association. (1994). *Diagnostic and Statistical Manual of Mental Disorders* (4th ed.). Washington, DC: Author.

Favell, J. (1973). Reduction of stereotypies by reinforcement of toy play. *Mental Retardation, 11 (4)*, 21–23.

Hopper, C., & Wambold, C. (1978, February). Improving the independent play of severely mentally retarded children. *Education and Training of the Mentally Retarded,* pp. 42–46.

Kern, L., Koegel, R., & Dunlap, G. (1984). The influence of vigorous versus mild exercise on autistic stereotyped behaviors. *Journal of Autism and Developmental Disorders, 10* (4), 379–387.

Mesibov, G. B. (1992). Treatment issues with high functioning adolescents and adults with autism. In E. Schopler & G. B. Mesibov (Eds.), *High Functioning Individuals with Autism* (pp. 143–155). New York: Plenum Press.

National Society for Autistic Children. (1977, July). *Definition of the syndrome of autism.* Approved by the Board of Directors and the Professional Advisory Board.

National Society for Autistic Children. (1980). *How they grow: A handbook for parents of young children with autism.* Washington, DC: Author.

Schlein, S., Wehman, P., & Kiernan, J. (1981). Teaching leisure skills to severely handicapped adults: An age-appropriate darts game. *Journal of Applied Behavior Analysis, 14* (4), 513–519.

Schopler, E., Brehm, S., Kinsbourne, M., & Reichler, R. (1971). Effect of treatment structure on development in autistic children. *Archives of General Psychiatry, 24,* 415–421.

Watters, R., & Watters, W. (1980). Decreasing self-stimulatory behavior with physical exercise in a group of autistic boys. *Journal of Autism and Developmental Disorders, 10* (4), 379–387.

第五章

攻擊

問題行為

潛藏的缺陷

　　幾乎沒有任何事情，會像自閉症兒童的攻擊行為一樣，帶給父母如此的壓力。雖然這個嚴重的問題只發生在一小部分的自閉兒及青少年，但當它一旦發生，推人、打人、吐口水、丟東西，或破壞物品，都會對兒童本身或家人產生危險，至少嚴重干擾正常家庭生活。攻擊行為通常不是致命性的，但也許是壓垮家庭的「最後一根稻草」，或者迫使自閉症者退出教室、工作或團體家園的事件。因為它的重要性，家長和專業人員都投入大量的精力與創造力，來了解與解決攻擊行為問題。

　　浮出水面之冰山一角（見第一章中的冰山比喻），像是打人、撞人或咬人是很顯而易見的，然而，有時引發行為的潛藏缺陷卻不是那麼明顯。溝通問題帶來的挫折、不良的社會性調適、沒有意識到自己與他人，以及感官上的錯覺，都可能造成這個問題。家長與專業人員都提出處理潛藏的缺陷及攻擊行為本身的方法。

　　在以下的段落，我們分享家長與專業人員對三種攻擊行為的解決方法：對自己的攻擊（或自我傷害）、對他人的攻擊，及對財物的攻擊或破壞。請記住，我們沒有意圖要提出解決所有兒童或所有問題的萬靈丹，在某一情境，對某一兒童有效的方法，可能對另一兒童或另一情境無效。當然，如果某種行為可能造成兒童本身或其家庭的傷害，在家庭補救無效之後，則應尋求專業人員的協助。

自我攻擊與自我傷害

意外看到某人傷害你的孩子，對所有家長來說都是痛苦的經驗，而看著你的孩子故意的傷害他（或她）自己，則幾乎是無法忍受的。大部分的自閉症兒童並不會對自己施加肉體的傷害，但那些會傷害自己的兒童，對家庭來說是一個嚴重且充滿壓力的問題。

撞頭

這一小節包含下列問題的解決之道：兒童用頭去撞窗戶或其他物品，用手或其他東西敲自己的頭或其他部位（如：眼睛）。

這個家長描述了她的孩子突然開始用手去敲她自己的頭：

在兩次耳朵感染後，珍妮便用手去敲自己的頭。我們嘗試了正增強、負增強和各種限制。但她仍是個不快樂的小女孩，在手肘被限制後，她轉而去打大腿。最後，我們發現旋轉遊戲可以制止她這樣的行為，我們一天花四小時在旋轉遊戲、旋轉木馬與轉圈圈的輪胎鞦韆，四星期以內她停止打頭，花在遊樂場的時間慢慢減少了，到戶外與其他兒童玩的時間減至兩個半小時。

在嘗試許多種方法後，家長和老師著力在珍妮對旋轉物品及

旋轉遊戲的興趣上,以停止打頭的行為,雖然研究建議用類似的活動來停止自我傷害(Mac lean & Baumeister, 1982),但不知是否因「旋轉」而停止了打頭。撇開旋轉不說,珍妮因某一行為得到與打頭相等的、大量的注意力。(要邊打你的頭,邊握住鞦韆或木馬是非常困難的!)

珍妮的父母也注意到了孩子打頭的行為與重複發生的耳朵感染的關聯。兩者之間有關聯的假設,為一般兒童的研究所支持(Cataldo & Harris, 1982)。這個研究指出,在某些案例中,打頭的行為由耳朵感染開始,不過一般孩子的打頭行為通常不需要任何介入便可停止。其他父母也了解耳朵感染與打頭之間可能的關聯性,而指出當打頭行為或其他不尋常的行為突然發生,可能需要進行檢查,看是否有要醫治的疾病(見本章後段中攻擊他人的討論)。父母指出當他們的孩子沒有口語,也沒有其他方法讓家人知道自己很痛時,這便格外的重要。

下例是另一個停止兒童打頭行為的方法。

我的兒子麥克七歲,喜歡打頭,就讀於公立學校特教班,這個學校堅持他的班要「正常化」,也就是說,要做學校中其他班級做的事,包括一天三個二十分鐘的下課時間。這些完全沒有結構的下課時間,任由孩子們做自己想做的事,我兒子用這些時間拍手和打頭,這樣非但無法幫助他變得更「正常」,反而讓其他孩子因看到他怪怪的樣子,而離他遠遠的。我們便堅持在下課時間,學校要提供麥克一些結

構化的活動，他拍手與打頭行為便停止了，也變得正常多
了。

　　這家長很聰明的體認到孩子打頭行為在他無聊或沒事做時更
可能會發生，他們也了解到提供非結構性的「正常」遊戲情境的
嘗試，無法鼓勵普通孩子與他的孩子玩。還好家長和老師保持良
好的合作關係，可以觀察孩子，找出其需求，並進而修改孩子的
課程。

　　專業人員也發現到，自我傷害最不可能發生在兒童參與活
動，或師長就近監督時。對於低功能的自閉症兒童，結構化的學
校環境尤其有效。另一個研究指出，智能障礙者的撞頭、搖晃和
揮動手的行為，較常發生在一個空曠的教室，較不常發生在有橡
皮球、塑膠火車和絨毛玩具狗的類似教室裡，有事做可以減少撞
頭和其他不適當的行為。在這個例子當中，麥克的母親引導學校
提供適當的、結構化的遊戲給孩子。如果沒有家長的介入，表面
上的「正常化」反而會讓自閉症兒童實際上處於會增加自傷行為
的情境當中。

　　有一個兒童會在晚上「撞頭」：

　　　我的兒子馬修是個有些時候才會出現撞頭行為的小孩。
在床上，他喜歡讓棉被緊緊裹住的安全感，也喜歡棉被與肌
膚的接觸。他也愛在床上滾來滾去，但問題就來了：當他滾
動時，被子會打開，打開後，他就會用頭撞床板。於是我分

別縫製夏天和冬天的「袋子」來解決這個問題。我將被子對摺，車上底部，再將兩邊縫起來，並在頂端縫上拉鍊和鬆緊帶（製造一個中間開口的睡袋）。我將床單和毛毯縫在一起，做成一個冬天的「袋子」，現在晚上已經沒有問題了，我的兒子愛死他的「袋子」了。

　　這位家長知道馬修喜歡被緊緊裹住的觸感，並且調整他的床套棉被來滿足他的喜好與在床上打滾的習性，無論馬修是喜歡被「袋子」包圍的安全感，還是喜歡質料的觸感，或只是單純的要一整晚的溫暖，這個方法都有效。對有些不會車棉被或沒有時間這麼做的父母，一個輕輕的睡袋也許就可達到目的。

　　另一個家長認為幫助他兒子了解撞頭的後果後，讓他停止了撞頭。

　　在我們的兒子艾迪五歲開始上公立小學時，我們經歷了一段痛苦的時光，每當他的要求沒有被達成，他便開始撞頭。撞頭的行為在校車上、學校與家中導致許多問題產生，我曾試著告訴他那會傷害他，但他似乎並沒有感覺到這行為造成的後果。有一天，他在家裡撞他的頭，我將一個蛋放在盤子中，我要艾迪敲蛋：「就像你撞頭一樣。」於是他將蛋撞向盤子，碎成千萬片。當蛋破掉時，他停下來，瞪著蛋看。我告訴他這可能會發生在他的頭上，從此之後他便不再撞頭。

　　這位家長決定用一個孩子能了解的視覺性方法，來描繪他一再警告的撞頭的危險性。在此，我們不能確定蛋的故事與撞頭的結束是不是一個幸運的巧合，也不確定艾迪是否真的比較理解。同樣的方式對另一個兒童可能無效，或者會嚇到他。在解決大部分的問題時，找到一個具體且能讓兒童理解的方式，來與兒童溝通是很重要的。很多家長觀察到，他們年紀很小的自閉症孩子似乎並沒有真正覺察到自我傷害的危險性。普通兒童對於痛覺的敏感會阻止他們撞頭，但許多自閉症兒童有較低的痛覺敏感度。

　　有時兒童用他們的頭去撞物品，如同這位母親指出的：

　　　　我們的女兒莎莉用她的頭撞房間的窗戶，也將我們放上去的窗簾或帷幔撕下、打裂金屬桿子、把牆上的設備扯下。為了解決這個問題，我們在房間內的窗框上架設一層強化玻璃，窗框下也加裝軟的百葉窗。強化玻璃上打了許多小洞以便通風、開關窗戶以及拉起百葉窗。強化玻璃不但較不危險，而且莎莉撞上時聲音比較小，這樣不會引起我們太大的注意。沒多久莎莉就不撞頭了。

　　莎莉的母親同時面對了孩子可能嚴重受傷，以及更換帷幔和桿子的金錢損失。她進行環境改造，因而同時停止了撞頭與破壞窗簾行為。經由強化玻璃的安置，父母解除了危險與損失。如同母親所說，莎莉撞在強化玻璃不像撞在普通玻璃上，可獲得大噪音與父母注意的好處。知道孩子是安全的，父母便能忽視撞頭行

為，而不是增強了她這種破壞性的行為。

刺眼睛

　　有些自閉症者事實上似乎是要尋求痛苦與刺激，一位研究者描述如何使用這樣的資訊設計解決方法：

　　　　傑夫是一個兼有重度智障與視覺障礙的二十二歲青年，他習慣性地用手指壓他張開的眼睛，學校老師以身體阻擋他這樣的行為，而且也為他安排許多活動，但這樣的行為仍然持續。實驗人員發現當他有發亮的、視覺性的玩具，像是鏡子、萬花筒和亮亮的玩具可以玩，刺眼睛的行為便能減少。然而，需要特別教導傑夫學習玩具的玩法，而不只是旋轉或者敲打玩具而已。

　　在這個案例當中，透過玩具找到一個更適當的視覺刺激似乎停止了刺眼睛的行為。其他的研究者也用了類似的方式，在孩子的手上裝上震動器，對手的自傷行為急遽減少。站在孩子的觀點來看事情，有時可能會發現到自傷行為的好處，因而找到適當的方式提供刺激。

咬自己

　　當對孩子有所要求時，他可能會咬自己或進行其他的自傷行為。

　　每當我的兒子小班在我試著要求他做某些事，例如：穿
衣服、停止看電視準備上床睡覺時，便會咬自己的手。有一
陣子，他令我非常困擾，為了讓他不再傷害自己，我讓步
了。最後我決定他不能一生只做想做的事；完全不做不想做
的事。剛開始，當我強迫他關掉電視或者換衣服時，他咬手
的行為便開始增加，讓我差點要放棄。不過我仍是要他做該
做的，而且哼唱他最喜歡的歌轉移他咬手的注意力。他頗為
固執，但我也是，當他發現我是認真的，　而且他反正都要
做，便停止咬手。有時候他換衣服時仍要我唱歌給他聽。

　　這位母親發現如果孩子能夠用自我傷害行為逃避要求，他
（或她）一定會這麼做。因此小班的媽媽決定忽略小班咬手的行
為，以消除他對合理要求的逃避行為。她也在換衣服或進行其他
適宜的活動時（剛開始時是強迫進行的），伴隨著小班最喜歡的
活動之一 —— 唱歌。這樣增強了和咬手不能並存的行為（一邊咬
自己的手，一邊將手放進袖子是很困難的）。

　　另一策略則解決了唐肯咬的問題：

　　我七歲的兒子唐肯在學校一直表現得不錯，很守規矩。
在簡單的手語和生活自理技巧的學習上，雖然緩慢，但確實
有進步。他的老師告訴我，她對他有很大的期待。不久之
後，唐肯開始在學校咬他的指關節咬到流血，但在家中他不

會咬自己。唐肯只會一點簡單的手語，但分發到班上的實習老師卻要求他以快速且複雜的手語進行溝通。受到唐肯一開始的進步所激勵，實習教師讓他參加遠超過他程度的手語課程。我與老師及實習老師談過之後，她們都同意回到唐肯可以成功學習手語的進度，而當她們這麼做時，咬關節的行為停止了，老師們漸進的增加課程難度，在唐肯能承受的範圍裡，小心地讓唐肯的學習更具有挑戰性。

　　唐肯的母親體認到，咬關節的行為是他對不恰當課程的反應。當老師對唐肯的要求他可以應付時，他的挫折感消失咬指頭的行為也會隨之停止。在上一個小班的例子當中，自我咬傷的行為是為了用來逃避合理的要求，這是他自己可以控制的，我們的目標是要他做合理的事；在這個例子當中，要求唐肯做他做不到的事是不合理的（甚至是不可能的）。想解決這類乍看之下很類似的自傷行為，就必須知道孩子的理解程度、發展階段以及可對他們所做的合理要求。

　　有一位母親警覺到她對孩子自我咬傷的反應，對她的孩子而言是一種酬賞：

　　　　我三歲的兒子葛瑞有咬自己的手腕咬到流血的自虐行為，他這樣的行為帶給我極大的痛苦，而且無論我如何極力掩飾我的沮喪，葛瑞都知道我十分困擾。我不能忽視自虐行為，也無法阻止它。沒有退路之下，我用馬鞍皮革製作了一

個蛋型的手套，挖一個洞以安放他的拇指，把手套縫在我編
織的肋形手銬上，接著我縫上一個小狗領扣環扣住手腕，讓
護手的設備無法移除。無論葛瑞如何咬手套，都不能滿足他
——既不會痛也不會得到注意力。當我知道他沒有傷口，也
沒有自傷時，便能忽視這樣的行為。不到一個月，自傷行為
就很少發生了。手腕保護裝置移除的時間可以日益加長，最
後就可以完全撤除。一年以後咬手腕的行為就不再發生了。

　　這個家長知道唯有在她確定孩子是安全的時候，才能忽視孩
子咬自己的行為，製作保護裝置杜絕孩子從咬手腕所得到的感官
刺激，也消除了因咬手而引起的母親注意力：這位母親因孩子的
咬手行為很沮喪。葛瑞的母親也在他做適宜的活動時注意他，如
玩玩具。這樣看來，咬手的行為至少讓葛瑞的母親知道她的注意
力對他有多重要。一個兒童無法說出其需求和挫折時，可能也會
咬自己或咬他人。

　　　當伊恩在班上被其他兒童欺負時，他會感到十分沮喪，
然後開始咬自己的手臂，常咬到皮破血流的地步。當他的老
師理解到咬手臂行為似乎都發生在這些事件之後，她教導伊
恩用更適當的方法表達自己的抗議。在他學會對欺負他的同
學大叫：「停止！」後，自我咬傷的行為幾盡消失。

　　伊恩的咬手臂是一種無法表達自己挫折的反應，老師幫助伊

恩找到適當的方法來抒發他的不滿：她給伊恩一個適合他的年齡
而且同學們都容易了解的指令。在這個案例當中，利用替代方式
表達挫折，減少了伊恩的咬手臂行為。然而，在大部分的例子
中，只是教導溝通技巧並不足以消除自我傷害的行為，雖然這
樣，這個例子是用來說明冰山下潛藏的缺陷與冰山上的外顯行為
都是需要重視的。思卡羅德等（Schroeder, S. R., Schroeder, C. S.,
Rojahn, J., & Mulick J., 1981）研究人員指出對於沒有溝通能力的
重度智能障礙者而言，令人無法漠視的自傷就是他們對外的溝通
與對環境的控制。

拉頭髮

下例中的父母成功地解決拉頭髮的自傷行為：

> 我十六歲的兒子馬克突然開始拉他的頭髮，我們便將凡
> 士林塗在他的頭髮上，當他一拉頭髮，手指便滑過。（他油
> 亮的頭髮顯得有點「龐克」，但總比一大塊禿頭較不引人側
> 目！）我們每天都這麼做，大約一星期後他便停止拉頭髮。
> 我想我們在拉頭髮變成一種習慣之前，阻止了這奇怪的行
> 為。

這樣的解決方式可使父母忽視拉頭髮的行為，而且減少馬克
從拉頭髮上得到感官刺激，由於父母快速且有效的處理，阻止了
兒子發展出困擾且引人注意的習慣。

擠壓關節

有時候如果不去處理自我傷害的行為，實際上將造成生理問題。

我的兒子馬修會用力擠壓他的左手關節，醫生擔心這個問題會引發關節炎，我們試著忽視、責罵與懲罰，但都無效。最後我們在他的左手戴上厚厚填塞的手套，留下慣用的右手從事其他活動。在馬修學會不去擠壓關節之後，他可以拿下手套的時間愈來愈長。當這個行為停止很久之後，確定安全了，我們便拿掉手套。他幾乎不去擠壓關節了，即使偶爾忘記，只要一拿出手套就足以讓他停止。

馬修的父母藉著在擠壓關節的手上戴手套，來防止他得到增強。也許，父母還提供了活動讓他的右手保持忙碌，將擠壓指關節的注意力引開。很明顯的手套對馬修是一種區別性刺激，或是對他的一種訊號，因為最後竟然連手套的出現都能停止他擠壓關節的行為。

敲窗戶

有些行為你就是不能忽視它，只能讓它不要發生。有些家長這麼做了，並不是改變行為本身，而是改變環境，讓問題不再發生。這個方法對於很危險與那些發生一次就能帶來重大傷害的行

為來說是特別有必要的。

　　我們十二歲的女兒露西會從房子二樓的窗戶跳到外面，
我們試過各種鎖，但她就是喜歡玩鎖，而且企圖打開它們。
我們還試過將鐵絲網繞在窗戶上，但是她會把網子拉下然後
剪掉它，任何「多餘的東西」加在窗戶上，似乎只會更吸引
她。最後，我們在木製窗框上的半圓形鎖的前面，釘上螺絲
（正好是要用拇指開鎖的地方），這樣一來，她需要螺絲起
子來打開鎖和打開窗戶。螺絲並不像鎖那樣閃亮有趣，她終
於不再玩它，也停止打開窗戶往外跳了。

　　既然露西是被裝在窗戶上的東西所吸引，父母原先構想的要
用特別的鎖或鐵絲封住窗戶，便會無效。一個平常的螺絲在一個
有效但不引人注意的位置，提供了他們女兒需要的保護與失望。
　　以上的解決方法對露西有效，但對也愛爬出窗戶的奧黛麗無
效，她不是打開窗戶，而是用玩具，或其他物品，甚至用手打破
玻璃。

　　我們試著讓奧黛麗遠離窗戶，但我們讓她待在房間時，
卻無法阻止她用鞋子、玩具用力打破窗戶，有一天甚至用拳
頭來打，我們必須保護她和窗戶。於是我們利用金屬柵欄，
這種柵欄通常用來保護窗框，這樣一來我們仍是可以打開窗
戶得到新鮮空氣（以桿伸進柵欄內打開窗戶），但奧黛麗不

會因為打破玻璃和爬出窗外而受傷。

另一位不像奧黛麗那樣固執的兒童，也是用類似的方法阻止了他：

艾倫喜歡敲窗戶，我們很擔心他會把玻璃打破而傷害到自己。為了拯救我們的心靈與艾倫的健康，我們在窗戶的下半部加裝百葉窗，這樣他不能敲窗戶也保持了一段時間的安寧。當艾倫學會如何掀開百葉窗，我們在窗戶外側加裝護窗板，護窗板的大小和窗框一樣。我先生用便宜的木頭做成一個木框，然後將護窗板釘入木框內，再將木框塗成和窗框一樣的顏色，最後將做好的木框用四個螺絲釘釘在內側窗框上，除非你很仔細地看，否則很難發現護窗板是釘錯邊了（譯註:本應在室外那一側）。光線仍能灑進房間內，而且艾倫是安全的，因為當他敲窗戶時，他敲的是護窗板而不是玻璃。等艾倫過了敲窗戶的階段，移除護窗板是件簡單的事，只要將四個螺絲洞填平，再輕輕塗上少量的油漆便可。

這對父母找到敲窗戶的解決方法，又維持了孩子房間的平時模樣，一但孩子度過了敲窗戶的習慣之後，只要一點點的功夫便能恢復窗戶原來的樣子。

摳鼻孔

另一位家長的女兒有嚴重的摳鼻孔問題：

我們六歲的女兒艾莉森會摳她鼻孔的皮膚，以致於鼻子常常流血。我們嘗試過罵她、讓她從事其它會用到雙手的活動，以及忽視這個行為，但都沒用，而且疤痕變成嚴重的問題。最後我們做了一個紙板的裝置，固定在她的兩隻手臂上，防止她彎手肘去接觸到鼻子。甚至睡覺的時候也帶著這個枷鎖，因為晚上更是一個摳鼻孔和流鼻血很糟糕的時間。戴上紙板後，她的手仍然可以自由地做其他的事情。六週內，我們逐漸減少她戴紙板的時間，然後只有在摳鼻孔後才把枷鎖放上，艾莉森停止了摳鼻孔的行為，而且再也不需要用紙板來限制她了。

只有防止艾莉森碰到她的鼻子，父母才能防止她摳鼻孔。他們非常小心地觀察到艾莉森的手是自由的，而且時間表排滿了她有興趣且要用到她雙手的活動，以這樣的方法，她們增強女兒使用雙手從事適當活動的行為，而這些行為能和摳鼻孔一樣令她喜歡。藉著逐漸減少艾莉森戴枷鎖的時間，父母能夠逐漸去除艾莉森壞習慣和枷鎖。

已經有許多成功使用束縛的專業報告（Saposnek & Watson, 1974），早期也有許多習慣性的，而非系統的、短暫的使用束縛

導致虐待的報告，任何包含束縛的程序都應該經過仔細考量，若無效則應停止。在至少一件的個案當中（Saposnek & Watson, 1974），家人為了限制智能障礙者自傷行為而為其戴枷鎖的作法，得到反效果。一個能讓某兒童停止某行為的方法，很可能增強另一位兒童的相同行為。所以，需要仔細觀察實際情形，不預設任何預期的介入效果。

回顧家長及專業人員處理自我傷害問題的解決方法時，有一些相異處是明顯易見的。在專業人員的文獻當中處理的自我傷害行為，通常發生在機構中，且已經存在多年。即使不是大部分，至少有很多專業文獻中的個案是成人。成功的介入通常是在控制性的環境裡，或者在實驗室當中進行。而另一方面，父母親有效的問題解決策略是以家人為對象，大部分是他們的孩子，而且在許多案例當中，父母在一個新的行為出現之初便將其阻止，因為長期且持續的嚴重自傷行為是很難消除的，所以父母親早期的介入顯得格外重要。

長期的自我傷害行為可能是家長或專業人員最難妥善解決的問題之一，而且和其他問題行為比起來，沒有單一的介入或方法對自傷行為有效。極少的家長或專業人員曾報告成功策略的長期追蹤效果，也極少報告一個行為的停止是否造成另一個自我傷害行為的發展。本節中的實例描述出，行為發展成為習慣之前，家長的介入才最有可能產生效果。

攻擊他人

打或踢人

自閉症兒童因無法溝通所產生的挫折,可能導致他對兄弟姊妹、鄰居或同學推、咬或吐口水。下段父親的例子可說明此種情況:

> 我五歲的女兒卡蘿常常感到沮喪,她會打或踢其他人,包括老師和其他同學。在家中,我們知道她要什麼,但外面的人不知道,我說服學校不要認為卡蘿惡意相向;相反的,應集中精神協助她學習手語,如此她才有適當的方式讓人們知道她想要什麼或需要什麼。她在六個月內學了三百個手語,同時,她的挫折與攻擊程度也戲劇化的下降。

這位父親知道卡蘿的攻擊行為是因為無法溝通的挫折感所引起的。他不但不懲罰她,增加她的挫折感;反而與學校合作,提供了一個適切的、非口語的理解管道。對於非口語的兒童,這個問題特別嚴重,除非他們學會一些溝通方法來表達需求與感受。如果兒童沒有大家可以接受的方式讓他人知道他(她)的需求或感受,再多的懲罰都沒有用。

其他的家長也意識到打人或咬人可能肇因於溝通障礙:

我們的女兒瑪麗只有極少的語言，她開始尖叫、咬或打我們時，通常是要告訴我們一些事情。以前我們會問她想要什麼，但當她不能對我們表達時，她會更挫折，行為更糟，然後我們就會很沮喪。現在，當瑪麗開始感到沮喪時，我們讓她坐下，問她很簡單的問題，只需要「是」或「不是」的答案，像是「妳要尿尿嗎？」、「帶子太緊了嗎？」、「妳的鉛筆不見了嗎？」。她的回答不需複雜，她只要點頭搖頭來代表是或不是。現在她知道我們想要了解她。當我們最後發現她需要什麼時，她很快就平靜下來了。當孩子沮喪的時候，是沒有時間長篇大論的。

這位父親將他孩子的攻擊行為當作一種溝通的原始模式，他將焦點放在試著了解小孩子要什麼，而不是用責罵和處罰來擴大孩子與家長的問題。家長避免冗長的討論，簡化自己的語言，並建構一個孩子只以動作回答的情境，這種方式不但能讓瑪麗溝通她的需求，也避免升高父母與孩子間的衝突。

一位老師針對一位喜歡寫作的高功能自閉症青少年提出另一種解決方式：

當艾倫生氣的時候，他的父母或老師便要他坐下，寫出他的感覺。他現在已經會自己這麼做，他的父母發現他的筆記寫道：「我想要搥吉米的肚子。」但是當他寫出來時，也

能冷靜下來，而且並沒有真正去打吉米。他也學會當他真的
很沮喪時，可以要求到洗手間（或者如果在家就到自己的房
間）去痛罵他氣憤的人，但在公眾場合他並不這樣做。其他
的孩子也愈來愈能接受他的行為。

因為自閉症兒童與成人通常不能適切地表達感覺，家長和老
師便假設他們是沒有情感的。這位老師發現了艾倫可以表達感覺
的適當方法（藉由寫與非公開的方法），而不必在公眾場合攻擊
他人。這位老師也注意到，攻擊性的言語與動作讓一個青少年在
團體中不受歡迎，寫下他的憤怒情緒減少了他實際上打人的次
數，也減少了讓他陷入難題的口語攻擊。

咬人

以下家長提供關於咬人的故事，描述了數個攻擊行為的解
釋：

我八歲的兒子馬克開始出現以前沒發生過的行為——咬
人，學校已經準備要將他退學，我注意到他班上其他孩子的
乳牙都已經掉了，馬克卻還沒有。檢查過後，我們發現他有
五顆鬆動的牙齒讓他覺得很痛，他的哥哥們在他的年紀時會
自己把鬆動的牙齒拔掉。但他不會，反而用咬人來減輕痛
苦。我們的牙醫師在兩星期內幫我拿掉馬克鬆動的牙齒，而
咬人的問題就這樣結束了。

自閉症兒童的溝通障礙，可能掩蓋住一些導致孩子疼痛的潛藏性問題，孩子可能用打人來表達。馬克的媽媽觀察入微，將突然發生的咬人行為和發展時程中換牙的時間連結在一起，就像是前面提到的耳朵發炎和撞頭。行為的突然發生應當作一個訊號，先去檢驗一些潛藏的生理原因。另一位家長則帶一位咬人的孩子進行牙齒檢查，發現到孩子的蛀牙讓他感到疼痛，等到蛀牙補好、疼痛消失，咬人行為便不復見。

另一種痛的來源被咬人兒童的家長發現：

> 我不會說話的兒子克理斯開始咬他的兄弟姐妹和其他學校兒童，這發生在醫師給他抗癲癇藥狄蘭汀（Dilantin）之後不久。我們請教醫師這當中的關聯，他說這種藥會導致牙齦的浮腫和痠痛，他建議我們在他的牙齦塗上歐樂捷（Orajel）（小朋友的牙疼藥），我們做了，咬人行為隨之大幅減少。

家長總是沒被告知服用新藥的可能副作用，幸運的是，克理斯的母親在孩子剛服用抗癲癇藥後開始咬人時，就請教醫師，牙藥減輕了孩子的牙齦痛，也停止了咬人行為。雖然連結並不總是很清楚，但是當你的孩子在服藥，盡量跟醫生報告任何不尋常的症狀，就有可能改變處方或對副作用做較佳的控制。

有些家長發現前後一致性高的輕微懲罰是有效的：

> 我們嘗試了各種方法阻止我的兒子小潘去咬人，但都沒

有效。最後，我們告訴他：「大家都很討厭你咬他們。」而且在他咬人後，蒙住他的眼睛三十秒。不知道是不是因為對他做了一件他痛恨的事，或是幫助他了解到別人的感受，但這樣真的阻止了咬人的行為。

小潘的父母發現到使用遮眼三十秒的一致性處罰，阻止了咬人的行為。不論他是否理解這是以牙還牙，但這樣的方法對他們處理嚴重的、長期的問題有效。

其他的家長沒有成功地發現特定的咬人原因，但仍成功地轉移目標：

> 當我的兒子湯尼感到沮喪時，便開始咬其他的兒童，我們給他一個橡膠動物玩具讓他在沮喪的時候咬，並且教他咬玩具而不是咬人。在他恆齒快長出來時咬人格外嚴重，小小的橡膠玩具幫助他度過這段時間。

湯尼的媽媽將咬的行為轉移到玩具，雖然咬玩具對一個六歲的兒童不是很恰當，但總比咬人好。再一次，這些家長能夠將咬人的行為和孩子的長牙連結起來。

捏人

從人到物品，一個相似的轉換，解決了捏人的問題：

　　當我十四歲的女兒優尼絲不高興時會捏人，她的老師給
她一個小沙包捏，現在她會捏沙包而不是人。

　　這位老師把孩子的攻擊行為從人轉換到物品，有時候像捏人
這樣的行為得到受害者的回應，於是捏人者被所有的注意力和焦
點給增強了。捏小沙包，孩子就不會因為捏人變成注意力的焦
點。

　　很多家長指出，當孩子們有許多被壓抑的精力，他們傾向出
現攻擊行為 ── 打人、踢人和咬人。羅柏的故事闡明此一觀點：

　　我們十七歲的兒子羅柏很壯，當他沮喪時，我們可不許
他打人。我放了一個沙包在他房間的角落，當他不高興時，
我們引導他去打沙包，有時候他甚至告訴我們他需要沙包。
沙包讓他適時的處理怒氣。

　　這些家長發現孩子開始非常躁動和好動時，最好的方法就是
轉移情境，他們的做法是提供孩子適當的出口，以宣洩精力。一
方面耗盡精力，同時也讓羅柏從事一種與打人不能並存的行為
（打人和搥沙包）。

　　有些家長已經重新引導他們孩子的精力到比較不昂貴，但一
樣有效的出氣口，像是搥打從盒中自動跳起的塑膠人、打硬的枕
頭、或做跳躍運動、伏地挺身和仰臥起坐。一位媽媽建議一種可

在廚房找到攻擊出口的方法：

> 　　當我的兒子亞瑟開始對他的妹妹感到沮喪時，他有一種
> 特定的眼神，然後一直走來走去。我告訴他不能打他的小妹
> 妹，但可以打麵粉糰，他打得愈用力，麵粉糰就做得愈好。
> 從幫我做麵包的過程中，他學會計量材料和閱讀食譜，八歲
> 以前，他就能按照簡單食譜做出一餐。

　　這位母親不只解決了攻擊的問題，也幫助孩子將精力轉換成
有用的技巧，如同上一個羅柏的故事，家長不會等到亞瑟真的打
了某人。他們是辨識打人前兆的專家（用特定的眼神看和開始走
來走去），他們發現在亞瑟製造麻煩之前，就加以引導的話會比
較容易。他們在行為的起始點介入，打斷了行為的連鎖反應。

吐口水

　　有時候，自閉症兒童似乎無法感受他的行為對別人的影響。
許多家長表示他們的孩子很明顯的就是這樣。他們的孩子對其他
兒童和大人大吐口水，往往就直接吐在人家的臉上。馬丁就是個
典型的例子：

> 　　我們必須做些事情來阻止馬丁把口水吐在別人臉上，不
> 然他就不能到工作坊工作。我們和老師一起合作，但試過各
> 種方法都無效。後來，我們同意只要他吐口水，我們就噴水

在他臉上，老師在學校也配合這麼做。在馬丁自己發現水在
臉上的感覺後，就停止吐口水了。

在文明的社會當中，吐口水是最污辱人的動作，但自閉症兒
童通常缺乏必要的社交判斷來理解這種污辱的嚴重性。這位家長
選擇讓孩子了解水在臉上的感覺，即使他不了解吐口水的意義。
吐口水是一種攻擊性的行為，雖然並不會影響到生命安全，但常
導致自閉症學生離開教室、工作坊或中途之家。每次馬丁在學校
或家中吐口水後，老師和家長快速且一致地運用處罰。其他家長
則提到水並沒有效果，只有每次直接把醋或檸檬汁噴進他們的嘴
巴才能停止吐口水行為。（一些裝檸檬汁的小塑膠袋是很理想
的，它可以裝在口袋中方便取用。）

財物的破壞

家長指出自閉症兒童對物品的破壞，是另一種令人很頭痛的
問題，包括打破平常看得到的東西，像是小擺飾或其他家中的裝
飾品、或者撕書、或者將重要家用電器拆解再重新組合、或者破
壞衣物、或者破壞窗簾帷幔，有時候還拆成一絲一絲的。家長通
常指出他們認為孩子不是故意或惡意的，孩子們似乎只是被晃動
的絲線與帷幔或者亮晶晶的東西所吸引。但即使不是故意的，這
些行為也能夠在家中造成發洩性的大破壞。

家長所提出的有效方法中，有一些是從一開始就預防被撕壞

或打破，有一些是把孩子的精力和注意力重新引導到其他的地方，有一些則是改變行為的後果，或者改變孩子在行為之後的酬賞。

防止小物品的破壞

有一些家長談到藉由將易碎物品藏起來，或是放在拿不到的地方，來防止孩子破壞他們的家。

> 我五歲的兒子高登每隔一段時間就在房子裡像龍捲風那樣滾來滾去，把走道上所有的東西打翻，或是不停的把咖啡桌或邊桌上的東西亂丟或搖晃，他似乎不是故意的，但非常確定的是他在這方面很拿手。剛開始我們試著把所有會破的東西收起來，但我們的房子看起來就像單調空洞的機構，於是我先生決定想出一個我們既能安心欣賞照片和心愛物品，且毋須擔心它們遭到破壞的方法。他沿著門框上方安裝附有低欄的窄棚，環繞全屋。這樣的安排，讓我們仍然可以欣賞心愛的物品，但讓它們遠離危險。當高登長大些（而且已經失去一些精力），我們便從「裝飾櫃」中拿下愈來愈多的東西，而且教他不要去碰桌上的東西。我們一開始先拿一些最不脆弱、最不易破的東西。我們已經得到許許多多關於「裝飾櫃」的讚美，所以我想我們永遠都會把一些好東西高高上放。

這些家長用創造力解決了孩子亂奔亂撞的問題，而不是讓房子看起來像個空洞的機構。他們提供一個不雜亂的、不易破碎的環境給高登，同時也在視線範圍內保有珍藏。他們逐步地把物品再拿下來，也避免了滿屋子的新奇物品過度刺激孩子。

其他形式的防範包括任何家電用品店都買得到的兒童安全塑膠廚櫃鎖（無法拉開門，要將塑膠開關扳過來才能打開），把門上的插栓挪高，或將值錢的、易碎的物品鎖在「成人起居室」（也可以在第七章關於鎖的討論中見到）。

有些東西並不容易保護，有幾位家長用特殊設計的密碼鎖鎖住烘衣機，不但是為了讓孩子遠離它，也避免鎖住烘衣機的插銷無效後被解體。另外，一位父親描述他如何為兒童設計火爐安全鎖。雖然每一個案例所用的鎖，都是為了特定的裝置所做的獨一無二的設計，但父母親共同的解決方式就是防止災害的發生，而不是在造成傷害或昂貴的損失後才懲罰兒童。

防止書本的破壞

因為許多家長殷切期望他們的孩子使用書本，他們覺得把書都拿開並不是很好的選擇：

> 我們四歲的兒子伊森喜歡書，但他也開始撕書。每天早晨我們醒來的時候，一定會看見成堆原本是書的碎紙片。我要他喜歡它們，不想要拿走書，於是將書換成兒童書店都可以買到有護具的精裝書。問題解決了──紙張太厚，他沒法

撕開！等他習慣用這些書，而且喜歡它們，我便能夠重新把平裝書和其他的書放回去，而問題也不再發生了。

家長讓書很難破壞，因而戒絕伊森對於撕書聲音的享受及快感。當伊森學會適切旳使用護貝書時，就逐漸地重新使用一般書籍。

另一位母親運用類似的方法在口語課上：

> 我的兒子麥爾克不會看書；相反的，如果我放手的話，他便把書撕了。為了解決這個問題，我們用美術厚紙做了一本特別的書，他無法撕開它。我畫了他最喜歡的東西在上面，像是樹葉、蘋果、柳橙、香蕉、他的三輪車、他的吊床、冰淇淋和餅乾，我們鼓勵他用書來分辨，並且説出他要的東西名稱。他喜歡翻書；有時候也用自己的語言定義物品。雖然對於使用一般性的書本，他仍有點笨拙（一次翻很多頁），但有時他可以和我們坐著看書而不撕它。不知什麼原因，做一本適合他的書──一本他可以翻並理解的書，就能幫助他理解為什麼我們必須小心翼翼地看書。

這位媽媽讓書對麥爾克有意義，之前的書對他是無意義的。麥爾克的母親在這個案例中，判斷他的適當發展階段，然後想到一個方法，在她兒子的層次上幫助他了解什麼是書，以及如何使用它。這也有助於他發展溝通系統，而且當麥爾克能夠喜歡用這

本書來得到想要的東西——冰淇淋、三輪車……等等，它便成為增強來源，這本書對麥爾克的價值，如同其他的書對母親一樣。大人閱讀書籍而且覺得有價值是因為書本是知識、興奮與冒險的來源，既然麥爾克不會讀，那麼他不會因為這些理由珍惜書本。麥爾克的母親找到一個方法使得書變得有意義，也藉著把書調整到麥爾克的發展階段來獎勵他。

在第四章（p.95）中，傑克的母親進一步闡述讓孩子擁有自己書的觀點。

防止家具的破壞

有一些家長提到他們的孩子在家具上彈跳，破壞了家具的重要部位，許多父母已經找到他們自己的解決方式（或者從其他家長那兒學得的），像是在第四章當中的一位家長（p.100）。十一歲的佑進（p.108）和十七歲的吉姆（p.101）都是因為在沙發上過度彈跳而造成毀損，兩個男孩便學著在彈床上發洩精力，而佑進的媽媽不但阻止了他的破壞行為，也讓他的兒子在鄰居家有事做。找到一個自閉症兒童可以做的活動，通常是鼓勵他們和其他兒童互動的第一步。吉米的父親紀錄了花費情形：

> 我終於想到要買一個吉米會喜歡的小跳床（美金二十二元至六十元，依大小而定），雖然一個跳床只讓吉米用一年，但也保住我們的家具，且讓吉米保持好身材，同時提供發洩精力的出口，以及一個閒暇時間的活動。吉米也知道當

他有許多的精力需要消耗時，他可以到跳床上跳，這幫了不少忙，尤其是在不常出門的冬天。

有些家長把「彈跳設備」放在孩子喜歡跳躍的家具（如：床、沙發）旁，而不是將跳床放在遠處。所以孩子只要往那個地方移動，都可以立即被引導到彈跳設備上。

某一個家庭有一個「奧林匹克級」的彈跳者，所以她們決定將彈跳發展成優雅的休閒活動。

我四歲的女兒小梅發現爬上籬笆、還有在我先生的車頂上跳上跳下，是一件極有趣的事，我嘗試了各種可以想得到的方法，但都沒有效果，只要六十秒沒有注意到她，她就又會爬上籬笆，還有到車上踩踏。最後我打電話到鎮上每一家體育館，直到有一位體操教練願意給我女兒上每星期一節一對一的課。很快地她就精於此道，也停止在車上蹦蹦跳跳。令我驚喜的是，她出乎我意料之外的說出生平第一個句子。

許多家長強調適性體育的重要性。在不動用到特別裝備的情況下，父母們描述了讓具攻擊性的孩子慢跑、跳躍，或做其他運動的鎮靜效果。（見第四章遊戲與休閒，身體運動的點子）

防止衣物的破壞

自閉症兒童家長常常在意的事件之一，就是他們的孩子咬破

或撕破衣服。

安德魯不斷地咬他襯衫胸前的部分，以至於他所有的衣服都有破洞，我沒有辦法負擔修補或買新衣的費用，最後，我倒了一些辣椒醬在他常咬的衣服上，當他咬的時候，辣到了嘴，也因此停止了咬衣服的動作。

這個孩子咬衣服時辣到了嘴，而不是增強了他咀嚼的快感；另一位資源豐富的母親則是用洗手乳而非辣椒醬，洗手乳對兒童來說味道不佳，而且不會弄髒衣服；還有一位母親使用無色的辣水來防止女兒咬破手套吸吮拇指。

最後一個保護衣物的點子是一位母親提供的，她的兒子會撕破衣服：

我的兒子傑夫喜歡撕碎衣服，無論他穿什麼在身上，最後他都會想辦法把它撕成條狀，這對襯衫和短褲是個很嚴重的問題。最後我讓他穿上用丹尼布（一種粗而厚的斜紋棉布）做成的衣服，那種布對他來說太厚了，撕不開。有好一陣，他看起來像是牛仔，但可防止他撕毀衣物，也讓他的衣服看起來不再像拾荒者丟棄的東西。

這位母親，就像那位用厚紙板做書本的媽媽一樣，藉由兒童無法破壞的材料來消除破壞性的行為。像這樣的改變，讓破壞性

行為不可能發生，因而戒除了行為。一旦孩子戒除了撕裂物品的習慣，她們便能夠使用其他的材料了。

　　家長運用了各式各樣具創造力的方法來減少自我傷害、攻擊他人和物品的破壞，有些介入方法非常類似於研究文獻當中所建議的。專業人員經常強調減少孩子從自傷行為而得到酬賞是很重要的；換言之，可用減少正向性的注意或其他正向方法去影響孩子的行為表現。在以上所述的有限例子中，大部分家長著眼於改變環境而非改變孩子。他們所建議的解決方法，通常將目標放在維持普通家庭的外觀，以及普通家庭的生活不受干擾。很多研究文獻當中採取的處理措施通常是耗時與耗力的，但家長卻可從容地阻斷一個才剛剛發生的行為。他們的解決方案如果經常且一致地使用，確實可預防更嚴重與更危險的行為發生。

參考書目

Berkson, G., & Mason, W. A. (1964). Stereotyped movements of mental defectives, IV: The effects of toys and the character of the acts. *American Journal of Mental Deficiencies, 68,* 511–524.

Cataldo, M. F., & Harris, J. (1982). The biological basis for self-injury in the mentally retarded. *Analysis and Intervention in Developmental Disabilities, 2,* 21–39.

Favell, J. E., McGimsey, J. F., & Jones, M. L. (1978). The use of physical restraining in the treatment of self-injury and as positive reinforcement. *Journal of Applied Behavior Analysis, 11,* 225–241.

Favell, J. E., McGimsey, J. F., & Schnell, R. M. (1982). Treatment of self-injury by providing alternate sensory activities. *Analysis and Intervention in Developmental Disabilities, 2,* 83–104.

MacLean, W. E., & Baumeister, A. A. (1982). Effects of vestibular stimulation on motor development and stereotyped behavior of developmentally delayed children. *Journal of Abnormal Child Psychology, 10,* 229–245.

Mulick, J. A., & Durand, J. R. (1989). Antisocial behavior, aggression, and delinquency. In *Treatment of psychiatric disorders* (Vol. 1, pp. 20–26). Washington, DC: American Psychiatric Disorders.

Saposnek, D. T., & Watson, L. S. (1974). The elimination of the self-destructive behavior of a psychotic child: A case study. *Behavior Therapy, 5,* 79–89.

Schroeder, S. R., Rohajn, J., & Mulick, J. (1978). Ecobehavioral organization of developmental day care for the chronically self-injurious. *Journal of Pediatric Psychology, 3,* 81–88.

Schroeder, S. R., Schroeder, C. S., Rojahn, J., & Mulick, J. (1981). Self-injurious behavior: An analysis of behavior management techniques. In J. L. Matson & J. R. McCarthey (Eds.), *Handbook of behavior modification with the mentally retarded* (pp. 61–115). New York: Plenum Press.

Wells, M., & Smith, D. W. (1983). Reduction of self-injurious behavior of mentally retarded persons using sensory integrative techniques. *American Journal of Mental Deficiency, 87,* 664–666.

第六章

如廁與衛生習慣

問題行為

潛藏的缺陷

　　自閉症或發展遲緩兒童家長所經歷的壓力，多半來自於孩子依賴他們的時間拖得很長。由於他們的孩子通常沒有能力自己吃飯、上廁所、穿脫衣服和盥洗，所以，這時就迫切需要家長投注時間與精力照顧孩子，而且這可能也是讓家長感到困窘的狀況，同時，缺乏基本如廁和個人衛生技能也可能影響孩子的健康問題。

　　孩子若想獲得如廁及各種衛生習慣的能力，他們得學習許多複雜的分辨與動作序列，這對於不擅長動作規畫以及不會選取社會線索的自閉症兒童來說是十分困難的；此外，自閉症兒童可能對如廁和衛生習慣相關的各種味道、口感或質感很敏感。多數專家學者面對這類問題時，會將各項技能分解成許多小步驟，並且以系統化的方式配合操作制約技術去教導孩子重要的技能（Ando, 1977; Azrin & Foxx, 1971），或者是利用特殊教育教導他們，而這類的教學方案通常在情境容易被控制以及有固定作息的機構實施。很多研究也已運用此種方案在智障者身上，最後皆發現他們成功達到行為目標與確實運用社會性讚美和批評有關，但是，這裡所提及的社會性讚美和批評對自閉症者通常較無效；況且，這類技術通常沒有顧及自閉症孩子的敏感性以及各種行為怪癖的特質。以下的內容則將呈現家長教導孩子自理技能時所找到的各種解決之道。

如廁

　　自閉症孩子無法獨立如廁會讓家人感到身心俱疲，同時，因為他們無法維持自身的乾淨，所以通常很難被社會大眾接受，而且也會讓自家人感到困窘，對孩子本身的健康也有不良的影響。善後的清潔工作以及監督如廁問題，通常得投注許多時間與精力，但如果這樣的問題持續至兒童期早期以後，更會使得家人精疲力盡並影響家庭生活形態。

　　自閉症兒童難以在幼兒階段養成獨立如廁的原因有好幾種，可能導因於他們的生理與心理發展遲緩（Bettison, 1978）。獨立如廁能力包括控制身體功能、決定何處適合方便並能夠自己穿脫衣褲，這些行為都需生理、心理發展成熟到特定階段才能達成。

　　一般而言，廣泛性發展障礙的孩子們會出現一些妨礙如廁訓練的行為，以下的實例便是家長們想出對付這些一般，或想都想不到的各種行為問題的解決之道，而每一個解決方法都是基於家長在家裡與其特殊孩子的互動經驗中所得到的。

控制身體功能

　　如廁訓練的第一步通常是教導孩子認識身體的生理運作過程。貝提森（Bettison, 1978）曾指出：很多無法做到如廁訓練要求的障礙兒童，他們的神經肌肉成熟度還未成熟至可以意識到自己膀胱已滿的狀態，因此，他們一不小心就會尿褲子。下面的這

個例子是對一些年幼自閉症兒童有用的方法。

　　　當吉米三歲時，我開始讓他做如廁訓練，但最後沒有成
　　功，因為他不知道何時會想尿尿，他就是沒有辦法意識到想
　　尿尿的感覺。後來，我注意到當他站在窗邊看著落葉飄下
　　時，會讓他很想要尿尿，所以，我把地毯捲起來，擺了一個
　　尿桶在窗戶邊，每一次當他快要尿出來時，我就會抱他坐在
　　尿桶上（我幫他把訓練如廁的褲子脫掉，所以他可以看到尿
　　尿是怎麼一回事！）。一週以後，我不完全脫下他的褲子，
　　再兩個禮拜之後，他已經學會自己尿尿了。

　　這位母親教孩子了解排尿時的生理動作與正確地方的關連
性，為了加速此一關連性，母親利用孩子對落葉的興趣以及看到
落葉時想要尿尿的意圖，並且提供許多機會，在孩子最可能想尿
尿的時候，重複練習脫掉褲子在窗戶邊的尿桶尿尿。

　　為了幫心智障礙孩子順應個人生理機制，研究者曾設計訊號
警示系統，這系統裝設在小孩的褲子裡，每當孩子尿出尿時，訊
號就會顯示。一旦孩子知道訊號出現便馬上反應，等跑到廁所
時，訓練者就會把警示訊號褪除不用。可是，這樣子的作法對某
些孩子仍然不夠，以下便是一例，這孩子即使被教導如何上廁
所，但是他仍然不知道怎麼做。

　　　三歲半的萊恩未受過如廁訓練，也不會說話，在專家指

導下，我拿掉他的尿布，讓他靠坐在馬桶上。當他尿出尿時，在我口袋裡隨時會放一樣用來獎賞他的東西，可是，這樣一點效果也沒有，直到有我先生的幫忙才得以奏效。當我先生下班一回到家時就會上廁所，於是，我馬上帶著萊恩進廁所看他，當他尿完尿時，我馬上給他獎賞，並且抱著他說：你真棒！萊恩馬上就懂了，並且按照我先生的示範去做，所以，從那天開始，萊恩就學會自己上廁所了。

專家似乎認為萊恩無法自己上廁所是因為他沒有安全感，因此，讓他可以靠坐在馬桶上或許能幫助他感到安全些。然而，母親發現萊恩根本無法了解口語指示，因此需要父親的示範。一旦萊恩了解該怎麼做之後，他就開始會在馬桶尿尿了。

許多專家所設計的如廁訓練方案包含了上述所提及的基本要領：固定時間帶孩子到馬桶上、對正確的如廁行為使用正增強物、以及給與口語的獎勵。這些實際案例的背後動機，都在幫助孩子了解尿尿的動作與正確地方兩者之間的連結。無論如何，應盡可能不使用懲罰的方式；可是，有些成功的案例告訴我們，當孩子尿在不該尿的地方時，可以要求他們自己善後、或者具體地讓孩子了解錯誤何在；許多家長都曾使用這個不難想到的解決方法，因為當孩子了解自己搞砸、弄得髒兮兮之後得自己清理乾淨時，他們就知道要很小心尿尿。

我十歲大的自閉症兒子維克有一陣子習慣尿床，那時

候，我會叫他把床上所有的東西拿走，然後我會負責清洗床
單；當他放學回來時，我會教他把床鋪好。這樣的方法似乎
可以控制他的尿床問題。

這個母親教導維克協助整理他自己尿的床，可是，她配合了
孩子的發展程度，沒有要求維克做洗刷的工作，只要求孩子拿掉
弄濕的床單，並且讓他有機會學習鋪床的自理技能。

正確的地方

一旦孩子了解自己身體所發出的訊息，他們便可學習如廁的
正確地方。多數成功的如廁訓練方案都會告訴孩子，當膀胱滿
時，就要馬上去上廁所，而這些方案教導這項能力的方法各有不
同。有些方案利用鐘或鈴顯示孩子尿褲子了，訓練者一旦發現如
此，便會馬上帶孩子到廁所；有些則是建議要求孩子在固定時間
坐在馬桶上，並且隨後給與孩子適當的獎勵；有些方法則需要家
長在家裡隨時待命。多數家長會幫助孩子了解排泄和上廁所間的
直接關連性。

當吉娜還小時，她會脫掉褲子然後跑到廁所地板或者地
毯上。家長會馬上帶她到馬桶，幫助吉娜了解尿尿和馬桶的
關連。之後，家長讓她自己做清潔善後工作，然後，進一步
結合如廁和擦屁股的動作。最後，她成功地學會自己上廁所
了。

有些孩子不了解排泄的正確場所。

　　當瑞奇五歲時，還不會自己上廁所。我發現當他穿著尿布或者訓練用的開襠褲時，他就會尿濕，但是當屁股什麼都沒穿時，他卻從不尿尿，因為他很害怕那樣做！於是當我把他的尿布拿掉時，他便開始拼命地轉圈圈，當我強迫他乖乖坐在馬桶上時，他只會大聲尖叫，可是，最後他還是尿出來，並且發現自己沒有被弄濕。從那時開始，他便會自己上廁所了。

　　起初瑞奇似乎有兩個問題：第一、他不知道如廁的正確地方；第二、他的感覺統合能力尚未發展至能夠意識尿在尿布時，其實尿水會被吸收的事實。他母親的解決之道是將尿布拿掉，因而強迫他知道正在尿尿的感覺，儘管這樣的情況讓他感到害怕，但最終他總算了解如廁的正確地方，並且不會讓自己身體濕濕的。所以，藉由帶瑞奇到廁所的馬桶，母親成功的讓他學會自己上廁所，同時，也增進他的感覺統合能力。

　　有些男孩會自己到廁所尿尿，但是會尿到地板上。有些專家為了讓他們尿尿時可以對準，會在馬桶裡放一個瞄準物，可能是一艘玩具船或螢光球，孩子可以練習對著目標物尿尿，如此一來，就不會尿到馬桶外。家長也想出類似的辦法：

　　四歲大的齊安尿尿時經常對不準馬桶，於是，我們在馬

桶裡放了一個釣魚用的浮標，告訴他尿尿時要對準那個浮
標。後來，我們發現他很喜歡對著浮標尿尿，並且也改善了
對不準的問題。

這對家長認定孩子尿到馬桶外，那是因為無法有效保持注意
力、對準馬桶的緣故，因此，釣魚用的浮標吸引孩子的注意力、
幫助他尿尿時的對準。這個方法解決了齊安對準馬桶尿尿的所有
問題。

與自理相關的技能

有些孩子會因為缺乏必備的自理能力而導致他們的如廁能力
退化，許多考慮周詳的如廁訓練方案察覺此一問題，所以通常都
會包含訓練穿、脫衣褲的技能。成功的如廁訓練方案通常會將整
個如廁過程分成許多步驟：走去廁所、脫掉衣褲、坐在馬桶上、
排泄完畢、穿回衣褲、回到原來正在進行的喜愛活動，直到孩子
熟悉上述每一項步驟以及順序之後，他們才算是習得如廁的能
力。一開始，旁人給與孩子進行每個步驟的立即協助是很必要
的，到最後，便可漸漸地去除不必要的從旁協助。這一類的教學
方案對多數孩子都很有效果；然而，有些孩子仍舊會遭遇問題，
一位家長提供了下列這個快速且簡單的解決之道。

傑森已經學會在尿桶如廁，但是還不會自己解開皮帶、
拉鍊和釦子。為了能讓他自己上廁所，我買一件有鬆緊帶的

運動褲（寬鬆的褲子）給他。他只需要往下拉或者向上拉褲子，因此，現在他可以自己穿脫褲子了。

即使傑森已經受過如廁訓練了，但是缺乏穿脫衣服技能使得他無法完全獨立地如廁。他的母親以提供孩子獨立機會——穿運動褲的方法，讓問題得以解決。過一段時間以後，如果傑森可以自己解皮帶和釦子，那麼他就可以更獨立了；而當傑森穿著鬆緊帶的褲子這段過渡期間，他得花費較多的時間去學習解皮帶和釦子，同時，我們也可以利用魔鬼氈的方便性幫助孩子學習穿脫衣褲。

如廁訓練時的行為問題

家長訓練自閉症孩子時，通常會遭遇一些特殊狀況，孩子可能會迷戀某種物品、過於專注物品的細節而忘記原本該做的事。此外，孩子可能會受到某種物品的質感或氣味的干擾，並且會堅持拒絕服從要求。對年紀較小的孩子而言，這裡所提到的堅持，可能會出現極度恐懼或者排斥某種物品的反應。當孩子表現出極度害怕如廁時，這就是專業術語所謂的「如廁恐懼症」。已有一些方法可克服這一類的情況發生，例如增強孩子靠近廁所的行為，以及系統化地向孩子呈現關於如廁的種種情況。具體來說，坐在馬桶上的同時，看一本喜愛的書本，可逐漸幫助孩子習慣馬桶沖水的聲音。當家長變得十分熟悉觀察孩子表現時，通常就可找出愈來愈多解決這類問題的方法。依據我們的經驗，家長通常

會自己想到應對的技巧，那些技巧與專業期刊所提及的行為技術
類似。

　　四歲的保羅還不會坐在馬桶座上，我們便試著調整馬桶
的高度，可是他仍舊拒絕坐在上面。最後，我們放了一個軟
馬桶座墊，從此以後，保羅願意坐在馬桶上而且沒有任何不
悅。

　　很顯然地，保羅對於馬桶座墊的質地很反感，之後，家長經
由一連串的嘗試、失敗經驗以及細心觀察孩子的行為，他們克服
了上述的問題。家長不需哄騙保羅順從，反倒找出他為何感到不
悅的原因，最後終於解決了問題。

　　我們的四歲小兒子安迪剛學會在尿桶上如廁，而在這訓
練過程中，他會開始玩馬桶裡的水。因為我一不在旁邊陪他
時，他就會玩水，於是我就把他的小尿桶架在馬桶上，這樣
一來，他就沒有辦法玩水了。

　　這位家長寧可改變環境，以防止安迪玩馬桶水，也不願意用
處罰方式對待他。她認為安迪能夠獨立上廁所是很重要的一件
事，所以，她便營造一個情境好讓兒子可以自己上廁所。

　　自從馬可在四歲半時完成如廁訓練之後，我們就沒有辦

法限制他不進廁所。他自此著迷於馬桶沖水，並且玩弄洗手
台架子上以及藥品儲藏櫃內的東西。因為他已學到站在馬桶
蓋上可以拿到一些不准他拿的東西，於是，我就把可以隨時
拆裝的馬桶蓋拿掉，這樣一來，馬可就沒辦法站在馬桶蓋
上，也讓我們不需在馬可上廁所時還得隨時看著他。

如同之前的那個例子一樣，馬可雖然學會如廁了，但是無法
放心讓他獨自一人待在廁所裡。母親拿掉會讓他拿取不被允許物
品伸手可及的媒介，因此解決了上述的問題。

一個類似的問題也發生在團體家園中的青少年及成人身上，
羅傑會在廁所裡待很久，害得別人不能使用廁所，因此，團體家
園的管理員找到了以下所敘述的解決之道。

住在團體家園的二十歲羅傑，每天一早總是霸占廁所，
因此，現在職員在他進廁所時就會放一個定時器。因為羅傑
很喜歡吃早餐，尤其是鬆餅和香腸，所以，如果他在定時器
鈴響前離開廁所，他就可以選擇想吃的早餐；如果他在定時
器鈴響後，仍然待在廁所裡，那麼他就得吃和別人一樣的早
餐，沒得選擇。

一般來說，羅傑可以如期做到別人的要求，並且選擇自己想
吃的早餐，所以，職員利用了他對食物的強烈動機而將問題解決
了。因為羅傑不了解霸占廁所對別人造成不便，所以，運用計時

器的具體作法，能夠讓他了解他待在廁所裡的時間已經太長、太久了。

面對困窘情境

　　家裡有個年紀夠大、卻還不會自己如廁的孩子，會讓家長或手足感到非常困窘，然而，多數自閉症孩子缺乏社會覺知，所以他們自己不會感到困窘。但是，即使有些家長選擇待在家裡，以避免當孩子在公共場所尿濕褲子時的焦慮，他們也還是會感受到親戚朋友避不見面或聚會，甚至到他們家拜訪時的負面經驗。有些家長已經找出面對這類問題的簡單解決之道，並且可以帶著孩子一起出門了。

　　　　我們八歲兒子巴羅的如廁訓練效果不佳已經好幾年了。
　　但我們發現帶他出門時，如果讓他穿黑或海軍藍色的褲子效
　　果最好。就算他尿在褲子上，也比較不容易被他人察覺。

　　這對家長面對巴羅尿濕褲子窘境的最佳方法，便是想辦法降低社會大眾對於狀況發生時的反應。即使巴羅尿褲子，深色褲子可讓家長不覺得那麼丟臉。這樣一來，也讓他們隨時想出門時毋須提心吊膽，並且減少他們所遭受到的挫折感。

　　　　幫維琪做如廁訓練時，我們沒有辦法做到讓她一整天穿
　　著訓練褲的「傳統」作法。我們對於每天得清潔地毯、搬動

家具或類似的事感到相當疲憊，同時，我們也開始對於維琪
經常在公共場所尿濕褲子的事情感到困擾。後來在她五歲
時，也就是在我們幾乎放棄做如廁訓練時，有人建議我們用
尿布代替訓練褲。從那時候開始，善後清潔不再是問題，公
共場所遇到的窘境也消失了，而且最後訓練結果十分成功。

這對家長對於維琪缺乏獨立如廁能力感到挫折且困窘，挫折
感之大，就快讓他們放棄維琪的如廁訓練。然而，家長當時轉而
使用尿布代替訓練褲的作法，減少孩子尿褲子時屋內的髒亂、以
及公共場所面對窘境的頻率，因而也解除了他們的挫折感。一旦
家長心理的挫折感減少時，他們才有辦法以較為輕鬆且有效的方
式，繼續幫維琪做如廁訓練的工作。

玩弄排泄物

其他與如廁訓練有關的問題是孩子會玩弄或吃自己的排泄
物，這個問題可能同時發生在已經訓練成功，或者尚未做過如廁
訓練的孩子身上。玩弄排泄物很噁心，也很難解決，家長或照顧
者通常會對孩子出現這樣的行為感到羞愧或厭惡。通常，成人對
於孩子玩弄排泄物的反應會是處罰他們，或者是以負面方法處
置，不過，有些家長已經找到一些較為正面且有效的解決之道。

當安岱四歲時，她會把自己的衣褲脫掉，然後玩弄排泄
物；當時，不管我們用什麼方法都沒有辦法減少這問題發

生。直到最後，我們買了長袖的連身衣服，把有拉鍊的那一面穿在安岱的背面，如此一來問題解除了。後來，我們可以讓她穿上一般的衣服。

　　家長不以心理或情緒理由解釋女兒玩弄排泄物的行為，只運用一個實用的限制方式。他們把連身衣服反著穿，這樣一來，當他們的女兒大小便在褲子上時，她碰不到那些排泄物，如此便可避免她去玩弄。過了一段時間，安岱完成了如廁訓練，那樣的問題消失了，所以，她可以穿上一般的衣服。

　　　　在安兒小時候，她會在廁所裡玩弄排泄物，於是，我們限制她待在廁所的時間，並且每次都有人在廁所裡陪她，然後，每當她上完廁所之後，就會馬上把她帶離廁所。這樣的方法使得玩弄排泄物的行為消失了。

　　這對家長決定以就近監督女兒行為的方法，取代處罰或限制的方式。藉由他人陪伴至廁所之後，安兒的行為因而獲得控制，玩弄排泄物的情形也不再發生。

　　學者專家已嘗試各種方法以解決玩弄或食用排泄物的行為。多數傳統方法都會使用抑制法；有些則是運用過度矯正技術，這方法就是每次一發現孩子吃排泄物時，她就得刷牙洗手和擦地板，做這些工作前後共需費時十分鐘，每次被發現時就得做。此一方法可以有效減少孩子再次發生不被預期的行為，同時也可改善

孩子的刷牙技巧。有位學者則使用了另一種更為正向的方法——一名七歲大的病人似乎對於職員發現他玩弄大便便會懲罰他、注意到他的情形感到愉悅。職員於是開始紀錄他的行為，發現該病人在洗澡淋浴前的兩個小時就會出現玩弄大便的行為；這問題在改變病人淋浴時間後解決了，也就是把病人的洗澡時間提早，並且讓他有較長的時間享受淋浴的樂趣。

有時，我們可以找出玩弄排泄物的根本問題，舉例來說，經由生理檢查能看出孩子有無便秘情形，或是有難以排便的問題，因此，軟便劑或者其他治療便秘的方法便可解決這類問題。

查克直到七歲大時仍會將排泄物塗抹在牆壁上。因為他患有慢性便秘，所以醫生開了「塞肛劑」的藥讓他每三天使用一次；可是，醫生從來不認為查克玩弄排泄物的行為與其便秘問題有所關連。於是，我們去看另一位醫生想聽聽第二個意見，那位醫生幫查克做了檢查，並開了口服藥給他服用之後，查克的便秘不再出現，緊接著玩弄排泄物的問題也就不再發生了。

查克玩弄排泄物的問題似乎與他便秘有關係，因為便秘帶來的不舒服，進而導致他總把手放在屁股肛門處，於是最後他便玩起排泄物了。使用塞肛劑對孩子來說是很不舒服的一件事情，同時，也讓家長感到棘手，因此，以口服藥對付便秘問題就顯得舒服多了。一旦查克的便秘問題解決了，造成他玩弄排泄物的因素

於是消失,玩弄排泄物的行為便不再出現。

　　許多年紀小的孩子,玩弄排泄物的行為與他們太無聊、或者擁有太多無結構性的時間有關,只要我們減少這些情形出現,玩弄排泄物的問題便可隨之消失。

衛生習慣

　　發展遲緩兒童若缺乏獨立自主的個人衛生技能,將會讓他們的家長備感壓力。個人衛生技能和職業或學業技能不同之處就是每天我們都必須執行很多次,不良的刷牙或盥洗習慣會危害到個人健康,同時也不利於兒童參與社區團體活動,因為不乾淨或骯髒的小孩通常會被拒絕加入群體之中。這類與自理技能有所關連的社會價值評判,將造成那些不在乎個人衛生、或不願意梳洗打理儀容的孩子家長備感挫折或憤怒。

　　有些用來教導衛生技能的專業方案會將各種技能細分成一連串的小步驟,孩子一開始只學其中單一步驟,直到他們精熟整個流程(Wehman, 1979)。獎勵通常是用來引起孩子學習尚未習得技能之動機,而結構化教學通常有助於孩子的學習效果。除非是因為有部分孩子具備某些抵觸這些專業方案的人格特質,否則通常可以找到個人適性的教學之道。舉例來說,因為自閉症兒童有不正常的知覺感受,所以他們對於溫度、口感或物品質地會有不尋常的反應,這一類個別特殊情形已在之前內容呈現,而那些由家長們所分享的真實案例,都是透過他們了解根本問題所在才得

以成功找出解決之道。

洗澡

　　許多自閉症兒童不喜歡洗澡，那是因為他們不了解或不在乎骯髒對健康或社會人際造成影響，其次，則是因為能夠自己洗澡需具備的各種技能，對自閉症兒童來說是很困難的，他們得學會調節水溫、把身體洗刷乾淨、沖洗乾淨，並且擦乾全身。多數專家學者已結合各種教學技術的方法，包括將洗澡的各項動作分解成更小動作，運用身體各部位照片並同時示範各項動作。由於冷或熱的水溫概念不容易理解，所以用不同顏色標示水龍頭，可以幫助孩子走進浴缸前感受不同水溫。

　　多數自閉症兒童能學會如何調節水溫，可是，他們會排斥洗澡或者是沒辦法自己洗澡，可能就是其他因素造成的：自閉症兒童對於身體的洗刷以及肥皂的質地敏感、害怕水花、或有困難協調動作。有位母親便提到：

　　　　要我六歲大的女兒康妮自己洗澡一事讓我覺得很頭痛。她喜歡玩水，可是卻不願意用毛巾洗澡。在治療師建議下，我為康妮準備了毛巾材質的沐浴手套，因為她喜歡照片，於是我剪下許多身體各部位的照片並且加以護貝。現在，我會指著要她清洗身體部位的照片，並且比出「洗」的手勢來，她就照做了。

　　這位家長結合兩個點子好讓她女兒願意自己洗澡，其一用手套的方法讓康妮的洗刷動作變得更簡單、容易；其二用照片的方法使得洗澡流程更具結構性，每次她母親都能確切指出康妮需要清洗身體哪個部位。洗澡沖洗時，可以利用蓮蓬頭的輔助，因為易抓握的蓮蓬頭水管讓孩子可以控制出水方向，這樣水就不會濺到臉上。

　　另一家長提供了一個輕鬆解決觸覺敏感問題的方法：

> 　　傑克不喜歡洗澡，洗澡時，他從不用毛巾或肥皂。不過，當我們讓他改用裝在瓶裝的沐浴乳洗澡時，上述的問題就解決了。我會擠一些沐浴乳在兩隻手，然後在傑克雙手上摩擦起泡，然後，教他如何把手上的泡沫塗抹清潔身體。我會抓著他的手臂讓他知道應該擦洗哪裡，然後，當他全身都有泡沫時，我就讓他把泡沫全都沖掉。這個方法幫助他學會自己洗澡。

　　以前當傑克手裡抓握著東西時，很明顯他覺得不舒服，他的母親觀察到當傑克使用毛巾或肥皂時，都會有這樣的問題出現。改用沐浴乳（液體肥皂）時，母親利用傑克觸覺敏感性，教他如何把手上的泡沫移到全身皮膚上。母親利用兒子皮膚敏感性，讓他從此願意用沐浴乳在手上搓揉，再也不需要使用他可能會故意滑出手中的肥皂洗澡。

　　我們很難對自閉症兒童說明什麼才叫做乾淨，孩子們可能做

了擦拭身體的動作，卻無任何特別的感受。一位家長找到了一個
非口語的解決之道：

> 七歲的瑪麗亞洗澡時很隨便、馬虎，於是她的母親改用
> 雅芳彩色沐浴乳，因為它瓶口是採滾珠滑動的設計，所以，
> 瑪麗亞可以從頭到腳、胸部和身體其他部位「上色」。之
> 後，她可用沐浴巾擦掉泡沫，如此一來，她便會自己洗澡
> 了。

瑪麗亞不了解什麼叫乾淨，所以，彩色沐浴乳幫助她注意全
身各個不同部位，同時也可分辨哪些部位應該擦洗一番。此一方
法使得瑪麗亞自己洗澡的過程變得有趣，也較容易讓她了解如何
自己洗澡。

洗頭髮是許多兒童痛恨的一件事。通常，家長會發現很難讓
孩子舒舒服服、輕輕鬆鬆地用洗髮精洗頭。一位專業人員建議可
以把孩子放在浴缸內，讓他們坐在切掉一部分的塑膠洗衣籃裡
（Robinault, 1973）。放在浴缸裡的洗衣籃讓孩子有椅子可坐，此
一作法所提供的穩定感，讓孩子在洗髮過程中較有安全感。一位
家長建議了相類似的解決之道：

> 五歲的大偉痛恨洗頭髮，當頭需往後仰時，他覺得沒有
> 安全感；除此之外，別人碰他脖子時，他的反應異常敏感，
> 所以，洗頭髮就和耍雜技一樣困難。於是，我們利用一個拆

掉坐墊布的舊嬰兒車座椅，放在浴缸內便解決了上述的問題。大偉被支撐在最低位置，而且他的頭剛好擺在防止水跑進眼睛的角度，更棒的是，洗頭時我們再也不需要去碰他的脖子了。

這對家長找出造成大偉極不願意洗頭髮的兩個原因：脖子被人碰時的敏感性以及在浴缸內頭需向後仰的恐懼感。當大偉坐在嬰兒車座椅時，大偉覺得有安全感，由於那樣的坐姿允許家長幫大偉洗頭時，毋須碰觸他的脖子，因此，大偉可以放鬆地讓家長幫他洗頭髮。

或許絕大多數應付孩子洗澡的問題主要來自於他們害怕走進浴缸內。

　　我的兒子卡維四歲時很怕進到浴缸，每次我們想盡辦法要他進浴缸時，他就會尖叫、嚎啕大哭。於是，我們就讓他看鄰居小男孩洗澡過程，之後，他很快地就對浴缸有好感了，並且願意與那小男孩一起進到浴缸內。最後，他會自己一個人進浴缸。

這是一個運用示範技術有效教導預期行為的最佳典範。觀看其他小男孩的作法幫助卡維變得較不害怕進浴缸，更重要的是讓他了解該如何做。同時，此法也因兩個男孩一起在浴缸裡，而增進卡維獲得社會互動的機會。

另一孩子的例子是逐漸讓他習慣浸泡在水裡：

> 五歲的艾柏害怕進到浴缸裡，於是我們就把他喜愛的玩
> 具放到裝有水的桶子內，並要求他把玩具拿出來。如此一
> 來，讓他有機會練習碰水，我們更進一步放水到浴缸低水位
> 位置，然後讓艾柏將玩具放進浴缸的水裡。很快地，艾柏能
> 夠和玩具一起進到浴缸裡，我們因此便可以幫他洗澡了。

艾柏起初很怕水，所以把他喜愛的玩具放到水桶裡，使得他的動機被引發到足以讓他願意碰觸他不喜歡的刺激物 —— 水，他的家長進一步讓他習慣碰觸浴缸裡的水，一段時間之後，浴缸的水增加到可讓艾柏在裡頭洗澡。這裡所用的漸進方法讓艾柏慢慢地克服恐懼感，並且有助其家長幫他洗澡。

刷牙

許多兒童，不論有無障礙，一開始都不喜歡刷牙。自閉症兒童通常害怕刷牙，同時，他們也對牙刷摩擦牙齦特別敏感。由於身心障礙兒童不理解為何他們一定得刷牙，因此，了解他們恐懼何在以及找出解決之道就顯得十分重要。有個好方法是改用軟毛牙刷，其他有用的做法是讓兒童在旁觀看大人刷牙，並讓他們一邊看著鏡子一邊刷牙。

就如同洗澡的方法一樣，刷牙的訓練方案也是把過程分解成許多小步驟（Horner & Keilitz, 1975）。剛開始從旁協助是必要

的，包括身體動作上的協助。待一段時間之後，當孩子可以獨立
完成所有步驟時，協助便可慢慢減少。可是，多數步驟對於一些
精細動作協調性不佳的孩子是很困難的，一個無法緊握牙刷的孩
子，運用鬆緊帶可幫助他們把牙刷固定在手上；其他那些有能力
抓握牙刷的孩子在刷牙移動的同時，無法緊握牙刷，這種情形發
生時，我們可在牙刷的手柄上加裝大型把柄，或者包上一層厚厚
泡棉之類的材料（Saunders, 1976; Schopler, Reichler, & Lansing,
1980）。不過，有些孩子仍會抗拒各種專業人員所用的最佳刷牙
輔助措施。一位家長告訴我們下面實例：

> 過去，刷牙是我們家很害怕的事，從頭到尾就像打一場
> 硬仗似的，我們得和我們六歲自閉症兒子龍恩折騰好一會
> 兒，才有機會得以解脫。後來在一月時，我們找到水果口味
> 的牙膏，不但龍恩非常喜歡刷牙，現在他還會提醒我們要刷
> 牙。如果你們想試試看，牙膏的製造廠商是美國猶他州鹽湖
> 城的 JR 研究股份有限公司（J. R. Research Inc. Salt Lake City,
> UT 84107）。

有好長一段時間，這對家長視刷牙為一場戰爭，他們得強迫
龍恩刷牙。直到最後，他們認為孩子不喜歡刷牙是因為牙膏的味
道，所以使改用水果口味的牙膏。此後，刷牙成了龍恩獲得成就
感的一件工作。

有些孩子則需提供他們引發其額外動機的獨特方式，他們才

會樂意去刷牙。

　　六歲的莎拉不喜歡把牙刷放入口中，於是我們把刷牙變成一項遊戲，也就是當莎拉刷牙時，她母親就唱一首歌，每當母親唱到特定歌詞內容時，便能提醒莎拉要將牙刷移動到嘴巴裡的不同部位。

　　青春期的恩森討厭刷牙，但他最喜歡的遊戲是有人說：「3—2—1—發射！」於是，老師設計了一個在刷牙時，恩森可以倒數的遊戲，此一方法讓恩森很興奮，並且促使他願意去刷牙。

　　上述兩個創新的解決方法十分類似，在這兩個案例中，家長或老師對於孩子所厭惡的事情，其應對之道都是將它們與孩子所喜歡的事情互相結合。這樣的作法讓刷牙變得更富趣味，將原本令人害怕的事情轉變成喜愛的事情。
　　另一位母親運用兒子的社交興趣幫助他改善牙齒的保健。

　　為了我兒子牙齒的事，我曾經遇到許多問題。現年九歲的唐尼刷牙很馬虎，他可能就只是咬著牙刷一兩分鐘。因為他對細線很著迷，所以我有辦法要他使用牙線。他以前從不用漱口水的，但是當我買了一組噴水潔牙器給他之後，他便會配合漱口水一起使用。

為了改善唐尼的牙齒保健問題，這位母親善用唐尼已具備的特殊興趣之能力。唐尼原先很明顯地不喜歡刷牙，而且其成效極差，於是母親運用想像力以及孩子對細線的興趣，教他使用牙線來替代與孩子衝突的作法。噴水潔牙器讓唐尼不需和一般人一樣，即使不用牙刷也可以清洗牙齦，而且藉由噴水潔牙器水管以及馬達運轉的聲音，讓他覺得把漱口水吐出來是很有趣的事情。

要孩子看牙醫可能很困難，因為多數自閉症兒童害怕去看牙醫。

　　我們七歲大兒子傑瑞很害怕看牙醫，有一次他需要補牙，那次的經驗令他不悅。於是，後來就先跟牙醫說好，請他讓傑瑞體驗幾次親切的就醫經驗，於是牙醫就向傑瑞展示各種工具和儀器，並且允許他把玩一番，一直到了第三次或第四次時，牙醫便可以幫傑瑞洗牙了。這樣的方法讓看牙醫成了相當愉快的事。

這樣一個絕妙的好點子把害怕的事情變成了愉快的事情。瀏覽工具和儀器對傑瑞而言是件有趣的事情，而當牙醫使用那些工具進行診察工作時，傑瑞就比較不那麼害怕了。因為多數自閉症孩子不了解口語的說明，所以提供機會讓他們碰觸或玩弄傑瑞那些儀器，能讓牙醫診所不再是一處令人困惑或害怕的地方。

儀容整理

　　儀容整理的養成技巧和教導洗澡、刷牙相似。多數普遍被使用的專業教學技術是利用示範及工作分析方法。儘管大多數的方法通常有效，但還是會發現許多自閉症者的儀容整理技巧不如他們其他自理能力的表現。造成此情形的原因可能是當與其他像洗澡或刷牙這些功能性技巧相較之下，我們對於個人儀容的重視程度較低；同時，也因多數發展障礙者缺乏社會知覺，所以，他們不在乎髮型或指甲保養等外觀上的事情。

　　自閉症者的各種恐懼或敏感特質可能會是阻礙他們學習儀容整理技巧的障礙，有時候，甚至他們的恐懼感會強烈到無法讓他人幫助他們自身打扮一番。

　　　安迪不喜歡剪頭髮，所以，我們就在理髮店安排特定時間，好讓他可以坐在父親旁邊，父子兩人同時剪頭髮。此法幫助安迪保持冷靜，好讓理髮師可以幫他剪頭髮，使用兄弟或姊妹來代替父親示範也會有效。

　　　安迪對於熟悉者，如他父親的示範有所反應。看著父親剪頭髮讓安迪覺得很有安全感，所以他可以很放鬆地讓理髮師剪他的頭髮。

　　　我的九歲兒子亨利討厭剪指甲。於是，我一開始讓他把

手泡在熱水裡，好讓指甲變軟一些，然後，剪完他的指甲
後，我會在他的指甲上塗抹乳液，這樣一來讓他覺得很舒
服。

剪指甲可能會讓自閉症孩子感到害怕，所以，先把指甲弄軟
比較方便母親幫忙亨利剪指甲，並且也讓他比較不害怕或感到
痛。使用乳液似乎是一種獎賞，因為亨利喜歡乳液在手指擦抹的
感覺，這給了他在剪完指甲後可以有所期待的滿足感。

在此必須強調一點，這裡所提供培養各種技巧的技術，也可
以使用在無障礙的年幼兒童身上，通常我們得依照每個孩子的個
別特質加以調整或修改後再使用。

參考書目

Ando, H. (1977). Training autistic children to urinate in toilet through operant conditioning techniques. *Journal of Autism and Developmental Disorders, 7,* 151–163.

Azrin, N. H., & Foxx, R. (1971). A rapid method of toilet training the institutionalized retarded. *Journal of Applied Behavioral Analysis, 4,* 89–99.

Bettison, S. (1978). Toilet training the retarded: An analysis of the stages of development and procedures for designing programs. *Australian Journal of Developmental Disabilities, 5,* 95–100.

Horner, R. D., & Keilitz, I. (1975). Training mentally retarded adolescents to brush their teeth. *Journal of Applied Behavior Analysis, 8,* 301–310.

Robinault, I. P. (1973). *Functional aides for the multiply handicapped.* Hagerstown, MD: Harper & Row.

Saunders, R. H. (1976). Take a giant step to independent living: Adaptive toothbrushing. *Teaching Exceptional Children, 9,* 7.

Schopler, E., Reichler, R. J. & Lansing, M. D. (1980). *Individualized assessment and treatment for autistic and developmentally disabled children, Volume 2: Teaching strategies for parents and professionals* (2nd ed.). Austin, TX: Pro-Ed.

Wehman, P. (1979). *Curriculum design for the severely and profoundly handicapped.* New York: Human Sciences Press.

第七章

吃與睡

　　不是只有自閉症兒童的吃、睡形態會讓人感到有壓力，從出生到兩歲半，所有孩子都經過這樣的發展階段，兒童教養的手冊清楚解釋著，家長也都了解，也有心理準備。不幸的是，孩子們不會依照手冊來做，他們會發展出各式各樣的方法，依照自己的方式去做；不依牌理出牌的方式，在他們逐漸學習自己吃飯、嘗試新食物、不吃不宜食用的東西，以及模仿和接受一些餐桌禮儀時可以看到。同樣的，也常可看到他們不喜歡離開父母獨自睡覺、半夜起床到處遊蕩，以及比別人都要早起等行為。

　　根據我們的某些指導手冊，這些行為是被期待的、可以被理解的，而且覺得可以忍受，因為孩子長大後這些行為便消失。父母也知道不久之後，他們可對孩子解釋規則和理由。當孩子開始發展自我控制能力，並記得父母的指令時，父母便開始運用合理的結果與令人愉悅的獎勵；他們已經看到孩子想要取悅他們，而且享受他們誠摯的讚美。另外，家長常常帶小孩去看小兒科醫師或家庭醫師；醫師們也一再保證，令人感到有點壓力的吃、睡行為是會自然逐漸好轉的，不需要特別的行為改變技術，也不需要擔心的。

　　不幸的是，這些所謂的正常發展順序對發展障礙的孩子來說，包括在第一章概論裡提到的自閉症，發展的順序可能是不均衡的，或者發展得比別人慢。孩子的溝通技巧及其理解父母語言的障礙，影響了我們對一般兒童所採用的訓練方法。即使他們完全了解對他們的要求為何，由於他們的社會性缺陷，讓他們無法感受到別人對他們的讚美，也降低了他們服從的可能性。他們的

生理與動作能力比認知能力更早發展出來，這種不均衡的發展代表了早在他們能發展出自我控制、記住規則、預測結果等能力前，就已經能夠自行離開嬰兒車、能走出大門、打開冰箱、抓取食物和撿拾不能吃的食物。他們對味覺、嗅覺與觸覺不尋常的反應既固執且強烈。最後，他們對於改變的抗拒，再加上儀式化的行為，使得訓練他們變得更加困難和令人不悅。對於厭倦等待他們孩子正常發展，且開始對孩子施壓，強迫他們「長大」的父母，他們很可能會面臨孩子發脾氣、拒絕以及其他的負向行為。

當吃飯或睡覺的時間一到，孩子緊張或帶有壓力的反應常會造成問題。家長希望孩子在睡覺時間覺得安全與輕鬆，他們期待孩子在吃飯時間覺得輕鬆愉快，以引發好胃口與對食物的快感。因為行為改變技巧在剛開始的時候引發孩子的拒絕，因此升高緊張氣氛，許多家長延後使用行為改變技巧，卻願意將這些技巧用在其他需要服從的行為，像是穿衣、如廁與攻擊行為。以下這位家長描述他們如何處理孩子在吃與睡方面特別的挑戰。

吃

在這個部分我們要回顧關於處理吃不可食用的東西、挑食、吃太多、吃太快、很差的自我餵食技巧，和食物過敏的小故事。另外還有一個家長並未談及但常在文獻中出現的問題就是反芻（一種吐出、咀嚼、再吞下食物的習慣），這在機構中比在家中更常發生，但也包含在我們討論的內容中。

吃不可食用的東西

　　以下五位家長的故事提到孩子處在健康與安全的危險當中，因為他們將不能吃的東西放進嘴裡或吞下去，這些家長以各式各樣的常識及其創意解決了這些問題。

　　　　當吉姆兩三歲時，他快速地走來走去，一點都不注意別人說的話，他會從地上撿起任何東西放進嘴巴，直到我們給他一個奶嘴掛在胸前，他因為總是找得到它，也就開始使用它。

　　這個小男孩顯然在動作技巧發展上快過於其判斷、語言的理解以及規範的記憶。不停地在後頭追逐一個快速跑動的小孩，或將整個屋子或院子中不能吃的東西清理乾淨是很累人的。也許吉姆並不明白母親為什麼對他這樣的行為感到生氣，所以懲罰可能無效，她的辦法是提供吉姆一個替代性的物品，接受他仍處在咬東西階段的事實。以下是另一個提供孩子替代物品以放入嘴中或咬的實例：

　　　　我四歲半的自閉症兒子理查過分喜歡植物，他甚至開始吃起植物，他不只吃一兩片葉子，除了根莖外，常常吞下一整株植物。我們擔心他會吃錯植物，但又不想所有的植物都不讓他吃。口頭阻止他吃植物沒有用，所以在較低的窗台

上，我們改放萵苣和藥草。現在理查可以吃他喜歡的東西。但允許他吃時，他卻不太想吃了，我想是因為新鮮感已經沒有了。

在這個聰明的介入方法中有兩個有趣的觀點。理查的母親認為他停止吃植物是因為沒有新鮮感，然而，從行為的觀點來看，我們知道當理查騷擾她的植物時，她一再注意並告誡他，一旦她不再注意他這樣的行為，他的主要動機便消失了，現在他可能偶爾當作點心享受一下，但再也不像以前那麼享受母親的注意力了。

第二個觀點是她並沒有放棄種植花草的興趣，布理斯托（Bristol, 1984）曾提及：即使孩子有干擾人的行為，能將個人的休閒、嗜好與身心障礙孩子分開處理，是保持心靈健康與壓力調適的重要關鍵，她指出那些將自己的興趣優先順序排前的家長，比較沒有憂鬱和崩潰的問題。

以下的故事敘述了另一個吃不能吃的食物的實例：

直到我不再對他的行為有所反應前，我的兒子瑞克曾經吃遍各種不能吃的東西（像是砂石、襪子等等）。在我停止做出反應之前，一旦他得不到我的回應，便到我面前，然後跟我說：「我吃了繩子！」我發現到他只吃了一小片，仍然不理他。現在，他已經不吃那些東西了。

這個有口語的男孩說：「我吃了繩子！」可以證明，瑞克的目的是要引起母親的注意，並且假設母親會阻止或告誡他。要發現不會說話的孩子的行為動機就要困難一些，他們可能會不斷重複行為，並愈來愈靠近母親，減少瑞克行為最有效的方法就是不去注意他的行為。當被吃下去的東西會傷害健康或是有害的材質，便要使用另一種方法。以下的故事描述了這樣的觀點：

　　當我的女兒小青八歲時，會在看她喜歡的電視時，咬椅套或是她的衣服，因為她能讀，所以我寫下「不要放進嘴巴」，放在電視下方，阻止她這樣的行為。如果她忘記了，我就把電視關掉一分鐘，用手指著標語提示她。

　　在這個故事當中，我們見到立即嫌惡刺激，或者懲罰（關掉電視）的使用。小青的母親了解她女兒的行為不是故意「使壞」，也不是可以操縱的，只是不記得控制壞習慣。媽媽將標語放在她女兒會看的地方，而不是唸她和注意她這樣的行為，如果她的女兒不識字，也許就會放一張圖片取代。小青的母親沒有阻止她的行為讓人印象深刻。

　　但是小青也會吃花、草和其它戶外的植物，這是很危險的，因為鄰居農人使用農藥，我決定訓練她想要吃的衝動。她喜歡吃冰塊，我把它們放在她盤子旁邊的小碟子上，規定她一定要等到吃完飯後才能吃冰塊，她開始仿說規則「等一

下」，而且好像有用。這個問題並沒有解決，但比以前好些。而當她可以抑制整頓飯都不吃冰塊時，我給她更長的外出時間。

小青的母親體認到女兒微弱的衝動控制能力，了解如果「不要放進嘴巴」的規則可以從電視類化到其他行為上，這種自我控制能力應該要被加強。她教導女兒仿說新規則「等一下」，並在餐桌上練習控制吃她很想吃且又可以拿得到的東西，當「不要放進嘴巴」和「等一下」這兩種意識都發展起來時，母親就不用監控太多她在戶外的時間。

下一個故事描述如何使用立即的、而且不需要家長任何注意力的嫌惡刺激。

我對八歲的兒子小艾感到頭疼，他有一種習慣，就是吃從手套跑出來的拇指，就在我要受不了的時候，我先生建議我將手套（我兒子咬的地方）塗上顏色，那是電視廣告中戒除咬指甲習慣的一種方法之一，它們很乾淨而且不會傷害布料，但難受的味道讓小艾不想去咬。所以現在他的手套保持完整，又能在下雪和寒冷的時候讓手保持溫暖。

挑食

偏食、少有變化的食物，和營養不當在自閉症兒童中是常見

的情形，有時候對父母來說只是惹人煩而且令人生氣的事，但它也可能導致不均衡的飲食。經過一段時間後，這將危害健康。這個問題在以下的例子描述到：

> 兩歲的瑞米很長一段時間拒絕吃固體食物，我第一次成功是讓他吃放進嘴巴裡很快就會化掉的餅乾，他開始比較不害怕，而且會自己去咬餅乾。兩個星期後他也願意吃其他的食物了。

瑞米的母親體認到它的兒子不敢嘗試新的口感，而選擇了可融化的餅乾，那種甜味是小男孩早就喜歡的，她選擇一種新的口感是能夠很快地自然消失的，因此避免「吐出」的行為發生。思卡羅德和瑞斯（Schroeder & Reese, 1984, 1985）指出，確認孩子在顏色、觸感、吃的味道和聞的味道的喜好是必要的，能用來成功的介紹新食物。他們建議一次只改變一個向度 —— 例如，一樣的顏色、一樣的觸感，但新的口味。

在下一個故事當中，某個兒童展現了對食物顏色的顯著喜好：

> 很長一段時間，我的兒子傑森只吃白色的食物：牛奶、麵包、馬鈴薯、白色奶油和優格等等。我從來不想讓吃飯變得難過，我想他終究會改變這個習慣。但當他五歲大時，仍然維持這種顏色的偏好。我採取下列的做法：我在他的白色食物中加上很少量的有色物質，在很長的時間裡，慢慢地改

變食物的顏色。我猜想他沒有注意到食物顏色的小小改變。
這樣的做法很有效，可以讓他接受不同的食物。

上面所說的逐步改變是關鍵所在。喬恩（Jones, 1989）與卡斯洛夫（Kozloff, 1973）也提到相同逐步改變的做法。上例是在小男孩喜愛的糊狀馬鈴薯中混入一點新的食物。當他更加容易接受新食物時，就讓他先吃一小口不含馬鈴薯的新食物，接著讓他吃純馬鈴薯。也有人試著讓幼兒先吃新食物，然後立即給他們吃喜愛的食物來獎賞他們，從而擴展了他們食物的歧異性。

六歲的喬瑟福總是挑剔任何新食物。他喜歡麵包、馬鈴薯（特別是剛剛油炸起來的）。有一天，我再也受不了了，便進行下列的計畫。我將他喜歡的食物單獨放一盤，將少量的其他食物放在另一盤（任何我們正在吃的食物）。先讓他吃一口他喜愛的食物，然後再移走食物。接著指向其他的食物並且等待。只要他將新食物放在嘴巴中，我就讓他再吃一口喜愛的食物。很快他就學會接受新食物了。

此一介入有三個有趣的地方值得注意。這對家長只是單純地指向食物並且「等待」，沒有在旁嘮嘮叨叨，因此對於兒子的抗議拒絕不去注意。第二，因為媽媽使用二個不同的盤子，喬瑟福在視覺上很清楚知道要吃的內容與時機。第三，「只要他將新食物放在嘴巴中」此句指出剛開始不要求孩子要完全咀嚼並吞下

去；小孩子不管以任何方式來嘗試新食物都被獎賞。為了要克服孩子對於食物的恐懼或者僵化的習慣，第一步只要他將食物放入嘴巴即可。「一次一小步」的原則是此次介入成功的關鍵。

> 大衛是一個吃得很慢又很挑食的八歲小孩。我們必須鼓勵他吃每一口飯。但是他很喜歡看電視，所以我們把電視放在他吃飯時可以看得到的地方（音量小），每次他停止吃飯（也就是在他嘴巴空著十秒以後不吃另一口），我們就關掉電視。他很快就學到這樣的結果，現在我們再也不需要在吃飯時間囉唆或鼓勵他了。

在這個個案當中，只要孩子不間斷吃飯，就得到持續的獎勵。這樣的獎勵並不會干擾家庭吃飯時間。卡斯洛夫（1973）雖然在他的報告中提到類似的持續獎勵技巧，孩子只要肯持續吃飯，父母就跟孩子愉悅的說話，否則就變兇。史蒂芬與杜賓斯（Stiver & Dobbins, 1980）也將持續獎勵技巧用在一個十一歲自閉症女孩身上，她有可能得到厭食症，一種拒絕進食的嚴重症狀，只有在她願意吃飯的時候，可以允許她待在喜歡的學校大餐廳。別人建議這位母親在女兒面前停止所有關於吃的討論，荷馬斯（Holmes）提到對吃的問題應減少口語關注的重要性。荷馬斯發現一個五歲半的男孩在三個星期內就改善了他的吃。他的父母只是測量基準線，也就是簡單地紀錄他在沒有介入之前吃了什麼，這對父母指出在他們對孩子吃的型態了解較多時，改變了他

們自己餵食的期待與行為。

　　藏起零食，尤其是垃圾食物，是一個普通的方式，但對一個會自己爬上廚櫃和開冰箱的自閉症兒童，並不總是那麼容易。

　　　　我的五歲女兒莎拉從來不吃營養均衡的食物，她只吃垃圾食物，像是洋芋片、餅乾、糖果和汽水。有一天我把它們全部藏起來，然後煮了一頓正餐飲食。大約下午四點左右她非常地餓，便向我要吃的，我就給了她我煮的東西，她從那時便開始吃均衡的飲食到現在。

　　把所有的零食藏起來是這個技巧很重要的關鍵。因為莎拉不能想到就吃、一直地吃，只能吃母親所提供的食物，所以，當她有機會感受到飢餓感時，這樣便有助其吃正餐的好習慣。在營養均衡上的進步，導致較佳的健康與進步的行為。懷特（White, 1982）的報告中提到在吃飯前三小時將十三歲男孩的零食全部藏起來，也允許他在另一張桌子吃完第一道主食後，可以到家人的餐桌上只吃甜點。把食物藏起來對許多身心障礙兒童的家長是很不舒服的，但是當藏起的食物對孩子真的有害，就不會有衝突了。

　　　　我十二歲的兒子布魯斯過動且愛發脾氣，他在服用美樂利（Mellaril），但我希望他可以減少用藥。我開始使用自然的食物，並且用替代性的李斯特寧（Listerine）在牙膏上；我用礦泉水將大部分的飲料稀釋，也減少了豬肉和葡萄櫻桃

飲料，因為我發現這些東西令他更興奮。我已經看到他的行
為有很大的改變。

　　有些家長提到孩子對糖和色素過敏與敏感，布魯斯的母親運
用她的觀察，調整他的飲食，來檢驗她的飲食假設，因此能夠發
現限制某種食物可改善孩子的行為。

吃太多

　　和挑食相反的是永遠都很餓的孩子，他們吃得很多但永遠都
不滿足，接下來的兩個故事是家長如何解決的方法：

　　　　我們的珍妮絲就她十歲的年齡來說是非常胖的，她喜歡
　　吃很大量的食物，在家如果沒有被其它的事物吸引，她最主
　　要的工作就是突襲冰箱，不僅常使東西灑落滿地，造成一團
　　混亂，更不用說是吃太多的問題。我們教她要遠離冰箱，但
　　只要在我們視線之外就沒效。幸運的是，我們的冰箱有兩
　　個門（一個是冷凍庫的，一個冷藏室的，門與門靠在一
　　起），所以我門用塑膠鎖把兩個門鎖在一起，她不知道怎麼
　　打開鎖，也就遠離食物了。

　　雖然這個小女孩已經十歲，沒人在旁叮嚀或阻止時，她就無
法克制想吃東西的衝動和慾望，這位母親很聰明地了解她必須為
身心障礙的女兒重新調整環境，讓吃過量食物不可能發生。孩子

健康的重要性是毋庸置疑的，但也應該認知到整個家庭正常運作的重要性。下一個故事描述同樣的問題，只是這位男孩對規則與行為的後果有較多的理解。

> 我的自閉症兒子小泰十二歲，好像總是很餓，無論我給他多少，他總是沒有飽足感，他的體重變成一個問題，所以我必須拒絕他第三份食物的請求。他不了解語言，所以我在鍋子裡只放剛剛好兩份的食物；然後我會讓鍋子裡的東西都倒出來，讓他看鍋子裡到底還留下什麼，於是他了解到已經沒有食物了。他的憤怒現在已經不是問題，他了解為什麼我不能再給他更多食物了。

這個令人印象深刻的故事當中，小泰的母親體會到他的憤怒和他不了解為什麼不能吃東西有關，她了解到她不能控制他異常的胃口，但可以控制他吃東西的量，他繞過了他的語言障礙發現到一種視覺性的方法來解釋這個規則。

進食行為

一般兒童都能漸漸學到餐桌上適當的行為，而大部分的家長發現到他們可以透過口頭的解釋和示範教導孩子，這對自閉症兒童並不總是行得通。吃得太快、弄得一團亂、玩食物，和偷他人盤中的食物也常是機構中智障成人或較大兒童的問題。有些研究者（Azrin & Armstrong, 1973; Hendriksen & Doughty, 1967）提出

在用餐時間，運用連續的行為塑造獎勵適當的進食行為，並阻斷不適當的行為。有些人更指出在偷吃還沒完成之前就需要阻止它，因為食物本身就是很強的獎勵。在這個個案當中，大人「擋住」兒童的手臂，並在偷竊行為完成以前引導他表現較適當的飲食行為。其它的研究者（Groves & Carroscio, 1971; Kozloff, 1974）則使用短暫的沒收食物，來讓兒童知道哪些行為是不被允許的，或者在每個錯誤之後將食物移開十秒鐘，這些研究者用讚美和一些手勢來鼓勵所有的適當行為。在下一個故事中可以見到同樣的訓練技巧：

六歲半的席德，總是吃得很趕，他以前會用左手把食物塞進嘴巴，而且需要不斷提醒他只能用一隻手吃飯。我們在他的左手放上一條餐巾，減少了他進食的問題，它立即有效。現在大家吃飯時比較不會有挫折感了。

既然口頭的提醒沒有效果，這位母親體認到他的孩子無法協調和控制雙手的移動——他的左手會不由自主地動。她藉由讓他的左手握住某樣東西的替代性行動，來阻止左手移動的行為。接下來這位家長表示口頭警告是無效的：

七歲的傑克，非常喜愛食物，他塞東西進嘴巴的速度比他嚼和吞的要快，我們試著罵他，但他不了解這樣有什麼錯而且很生氣。所以我用卡紙做了一個很大的紅色停止標語

（他知道那是什麼意思），一旦他吃一口，我就把它放在他的盤子上，當他吞下嘴巴裡的東西，我才移開。他很快就學會了，現在我只需要在他忘了嚼和吞嘴巴裡的東西時我才用這停止標語。

在這裡，紙板標語是一種視覺性的提示物（一個傑克能理解的符號），阻止了「塞」食物的行為，它改善了適切的抑制能力，並讓嚼和吞自然發生。

一個母親紀錄她如何在女兒離座時，藉著移開她的食物，讓她待在餐桌上：

> 五歲的莎莉，總是來來去去，她不會為了任何事物好好坐著。她曾經在進餐時吃一口飯，然後就跑掉，再回來吃另一口，不斷循環。責罵讓整個家氣氛很不愉快，毀了吃飯時間，於是我從用餐結束時說：「我吃完了。」開始，然後把我的盤子拿到洗碗槽，我也對其他人這麼做，當他們站起來我就說：「喔，你們吃完了。」然後我開始在莎莉站起來時對待她的盤子，她看起來很驚恐而且不高興，但十分有效。

莎莉的母親了解口頭警告並不能讓她知道離開座位的後果，但她的確藉著向全家人展示「當你離開座位，你的盤子要拿走」的規則，讓她了解狀況，雖然這樣讓莎莉很驚訝，但它並非不尋常的習慣，而且容易了解。莎莉很快學會用餐時一定要跟全家人

坐在一起吃。

　　不肯吞藥丸對開藥方的醫生和要讓孩子吞藥丸的家長來說是一個問題，以下例子描述了自閉症雙胞胎男孩家庭的成功故事：

　　　　剛開始我教約翰用下面的方式吞藥丸：握住他的一隻手給他藥丸，示範或用指的要他將藥丸放進嘴巴，然後很快地把一杯水放進他的另一隻手，叫他喝一口水，他還不熟練吐東西，所以非常有效。現在要讓約翰和大衛服用藥丸，於是我們想出一個有趣的方法。媽媽、爸爸、女兒和兩個男孩坐成一個圓圈，每個人手上有一杯水和一個藥丸，一個接一個輪流吞藥（或假裝吞藥），直到輪到男孩們，大部分時候他們會模仿我們的正確動作跟著做。

　　為了讓自閉症男孩了解什麼是應該要做的，我們再一次看到全家人規畫一個例行工作。這是一個全家合作、照顧並幫助家中身心障礙者很好的例子。最初的個別訓練對最後的成功是很重要的，手的協助、姿勢的提示，和熟悉的口語提示：「喝一口水」讓男孩在對藥丸反感之前，很快地經歷整個流程。

　　此節最後一個故事和沒有意圖餵食孩子的行為有關。有些自閉症兒童即使在他們的動作技巧已經足夠自己吃飯，卻仍保持被動和依賴。為了回應這樣的被動，而且怕孩子餓著了，大部分的家長便用湯匙餵孩子。這個家長選擇相反的做法：

我們的女兒小玲二十八個月大，從來不想自己吃飯。我站在他高腳椅的正後方，像娃娃那樣操縱他的手，我慢慢地褪除這些提示（只有碰她的手，然後前臂等等），直到她自己來，這個方法十分成功。

萊柏維斯和荷利（Leibowitz & Holler, 1974）對一個五歲、不肯用湯匙、而且很少有食物她可以接受的女孩用類似的技巧，他們從用湯匙吃她最愛的冰淇淋開始，所以她很有動機將冰淇淋放進嘴巴。然後，逐漸在冰淇淋中混入其它食物，一個月之內，這位女孩自己用湯匙，並接受新的食物。

反芻和嘔吐

在這個部分所提到的兩種干擾行為並沒有家長談及，然而，這些行為的確存在，而且在文獻中可以找到成功的行為介入方法，給有興趣的人參考。這些報告提到的方法不盡相同，包括程序、運用嫌惡刺激、刺激控制、獎勵、替代行為訓練或這些方法的結合。

其中一個研究（Daniel, 1982）使一個十歲的男孩停止反芻，就是通常在他反芻的時候鼓勵他走路。走路是一個不相容的行為，也就是在男孩主動走路時並不反芻，漸漸地這個行為便消失。另外一個研究在試了好幾種行為改變技術之後，才發現增強吃過飯後的替代性行為，最能有效減少反芻性的嘔吐。第三個例子減少

了一個五歲男孩的嘔吐行為，他因嘔吐造成的營養不良而住在醫院治療。他們在餵他吃東西時抱著並支撐小男孩的身體二十分鐘之久，如果他開始反芻，便將他放下，然後滴一滴辣油在他的舌頭上；一但他停止第一個嘔吐行為（滾動舌頭），就會再一次抱他並搖動，所有的嘔吐在兩週內停止。另一個技巧是用在六歲就開始反芻的十七歲雙胞胎身上，當任何一個人開始反芻，她們會被告戒「不行」，而且用泡在漱口水中的牙刷洗牙兩分鐘，然後用沾漱口水的毛巾擦嘴唇，這樣做不僅停止了反芻，也防止對食道與口腔壁的進一步傷害。

睡眠

如果說我們沒有收集任何有關孩子睡太久的故事，一點都不令人驚訝，有些發展障礙的孩子似乎可以睡得比同齡的兒童少，而輕易地存活並保持健康。我們擔心的是家長在身心兩方面的健康。睡眠的剝奪在體能上有所消耗，對所有家人的關係也是莫大的壓力。有些家長發現他們用連自己都無法贊同的方式來懲罰孩子，有些則給孩子吃藥以求解脫。以下的故事提供了有創意的例子和希望，給那些為缺乏睡眠和擔憂孩子安全而困擾的家長。這些故事按照問題發生的時間來編排：不肯睡覺的兒童、起床並遊蕩的兒童、以及因睡眠型態導致早晨發生問題的兒童。

上床睡覺的問題

當賴瑞小的時候，他是不肯上床睡覺的，因為他喜歡被搖動而且喜歡音樂，我在他的房間內放一個搖椅和音樂，並允許他聽音樂直到想睡覺。慢慢地他學會在睏的時候，將自己轉換到床上。

這位母親提供兒子一個她知道將令兒子愉快且放鬆的環境，她不給他任何壓力，只是讓他的身體想睡的時候自然地睡。在放鬆的狀態下，他可以讓人移動到床上，而最後能夠在沒有提示的狀況下自己上床睡覺。

我們的女兒芭芭拉九歲，曾經很難入睡，我們買了一台人工噪音製造機——水聲，然後將它裝在衣櫥中，這個聲音掩蓋了其它家中的噪音，並讓她克服干擾入睡。她在房間隔音後睡得更好，我們便在地板及一面牆上舖上地毯。

對聲音過度敏感，尤其是房間外面傳來的噪音，是自閉症兒童常見的特徵，他們可能對靠近他的們的聲音充耳不聞，尤其是語言，但對遠方傳來的聲音格外有反應。芭芭拉的母親清楚地體認到她孩子的特徵，並見到它們對孩子睡眠型態的干擾。另外一些家長則提到用錄音帶、廣播音樂來阻絕會干擾睡眠的家中聲音。下一個故事描述一個小孩肯躺在床上但不肯蓋被子：

　　我們五歲自閉症的女兒小佩拒絕蓋被子，我們必須等她睡著後才蓋，如果她醒來，就會把被子丟到地上。為了讓她接受被子，我們將她的娃娃蓋上被子，並說：「娃娃要睡覺了。」幾個晚上以後，她自己幫娃娃蓋被子，也開始接受自己蓋被子。

　　這對父母利用玩洋娃娃的技巧來教導女兒睡覺時的適當行為，而不是在睡覺時間來一場大戰，反而讓孩子鮮少有睏的感覺，利用幾個晚上的演練，他們不用懲罰，以溫柔的方式建立一個新的習慣。

　　下一個故事描述瑪莉拒絕上床睡覺，而且不了解規則和禁止的指令，我們見到空間圍堵的技巧如何在一段時間後達到效果。

　　當我們自閉症的女兒大到嬰兒床睡不下的時候，睡覺時間變成一場惡夢，瑪莉不僅不願意待在她的床上，甚至不肯待在她的房間。小兒科醫師建議我們將燈光調暗、關上門、把她一個人留在房間。雖然我們已經盡可能將房間布置得很安全，但瑪莉一點危險的概念都沒有，我們擔心她的安危，對於把她一個人丟在緊閉的門後感到不舒服。接下來的幾年我們採用的簡單方法，就是把一個木頭的嬰兒門拉長橫跨在門口，整個房間就像是她的床一樣，因為瑪莉不會攀爬，也就從來沒有試著跑出去，她會站在門後聽著並看著家裡的事

情。當她想睡覺的時候，她幾乎總是自己跑到床上然後睡著。偶然的機會下，我們發現她在地毯上睡著，她穿著「毛毯」睡袋，而不是一般的睡衣，所以我們從來不必擔心幫她蓋被子的事。當瑪莉長大一點，她還是不肯睡覺，而且她也變得比較壯，原本的木頭門已經不夠用了，於是我們換上一個荷蘭門——我先生的創意發明。他把一個老的木頭門鋸成一半，上半部的玻璃鑲板換成不會破的樹脂玻璃，當上半部的門關著以阻絕噪音時，我們仍可以透過玻璃鑲板看見瑪莉在房間的活動。通常，只有下半部的門是關著的，這下半部的門會將瑪莉的活動限制在房間裡。等瑪莉再長大一點，她晚上已經不這麼好動，而且可以在門全開著的時候待在床上，但是荷蘭門還是放在那邊以備所需，而且幾年來證明了這是一個有效可行的方法。

當我們檢視小時候的過動瑪莉，可以很容易地了解睡覺時間是怎樣一場惡夢，這對父母機智地調整環境來保護她們的女兒，減少了擔心和煩惱。這個家庭能從瑪莉嚴重的睡眠困難中存活，並且讓她待在家裡直到過動的現象隨著年齡開始減緩，而問題也消除了。

夜晚遊蕩

以下的故事是有關半夜在家裡走來走去並咆嘯的問題。

　　四歲的喬許一直在晚上起床而且走來走去。他在房間是安全的,但在家中其他地方並不安全。我先生將門把拆下來,然後反轉,這樣就從外面而不是從房間裡面鎖住。

　　這故事令人聯想到一個熟悉的諺語「一盎司的預防,價值一磅的治療」(譯註:預防重於治療),這個方法的成功端賴一個事實,就是喬許「在房間內是安全的」。但並非總是如此,就像是我們要看的下一個故事:

　　我們五歲的女兒仙蒂不肯睡覺,而且半夜時在屋子裡頭晃來晃去。我便在她房間門外睡幾個晚上,防止她離開房間,而且讓她覺得安全。漸漸地,我離她的房門愈來愈遠,直到我可以睡在我自己的房間,她也學著待在自己的房間。

　　仙蒂的母親對女兒心理的安全比身體的安全更在意。她體認到仙蒂起床走來走去想找媽媽是因為感到不安全、寂寞,而且覺得這是對的。母親藉由出現在門口,然後逐漸地後退加長距離,直到女兒找回自信並且可以忍受寂寞,來打斷遊蕩的行為。利用這個方式,她防止了仙蒂跑到父母床邊的例行性習慣,而這樣的習慣可能發展成一種儀式而很難改變。雖然所有的小孩都會經歷夜間醒來,而且作惡夢之後需要安撫,但自閉症兒童常常會在單純的需要過後固執於這樣的習慣。

很多家長都曾提到過對於阻止他們的孩子，讓他們無法離開房間感到不安，他們擔心火以及其他可能發生的危險。但是，孩子有時候在遊蕩時，並不完全知道自己在做什麼。他們有可能眼睛張得大大的，也可以安全地移動，但卻不記得他們做過什麼了，也無判斷能力。

　　我的六歲兒子雷蒙經歷過一段夜遊，或者說夢遊的過程。他像是醒著，但不記得任何事情。我們晚上放一個大的扶椅在雷蒙的房間門口，他可以從扶椅和門口的縫隙溜出來，但縫隙之小困難到足以讓他醒過來，通常他會再回到床上睡覺。

　　這個方法是一種部分圍堵的形式，阻礙並不完全，如果孩子真的想要出門，還是可以，但是它能讓雷蒙醒過來。其他的家長也用類似的方法，像是在腰部綁上重重的繩子，或者裝置緊急時可以爬過或鑽過的小門。接下來的故事有關於一個男孩他在房間和家中是安全的，但卻知道如何打開前門：

　　小戴一直是個靜不下來，而且在夜晚會晃來晃去的孩子。但他只待在屋子裡而且沒有造成任何麻煩。然而，當他開始在夜晚溜出去時，我們不得不採取行動。小戴很快學會打開鎖並且拉開門鍊，所以我們用掛鎖鎖住鍊子讓他再也碰不到。這樣的做法讓他打不開房門而解決了問題。

早晨睡眠問題

下列的故事提到兩種不同的早晨問題：太早起來且準備好去上學了，和起得太晚來不及上學。

在八歲以前，布萊恩就知道他每天早上必須七點起床，他從五點半開始就會起床很多遍，穿過整個房子去看數字鐘是不是已經七點了，這也把家裡其他人都吵醒了。於是我在布萊恩的床頭放了一個數字直立鐘，這樣他就不用跑遍整個屋子吵到家人，又可以查看時間。

布萊恩已經精熟兩種重要的技巧或能力：能夠讀數字鐘，也發展出尊重規則和自我控制的社會性意識。布萊恩所欠缺的只是得到時間的相關訊息。於是家長找到一個簡單的解決之道，就是直接提供孩子想要的訊息。最後一個故事展現一個相反的問題——孩子起得不夠早。

約翰很難準時起床準備上學，如果我們叫他起床，他通常心情會很差，我發現如果我讓他的寵物貓咪進到他的房間，貓咪會跑到他的床上跳，用鼻子在他臉上磨蹭，煩到他起床為止——他也同時會有很好的心情。

這有可能是個的聰明方法，不只是因為約翰喜歡貓，而且因

為他的父母是很棒的觀察者，能敏銳地察覺到他的興趣和喜好。

不容易起床或是心情不好的可能原因有很多，很難入睡的孩子可能被允許多晚去睡都沒關係，也因此當到了準備上學的時間，卻需要更多的睡眠。有些兒童也許在清晨經歷了不尋常的深度睡眠，不管他們幾點上床睡覺。第三種原因可能是服用藥物的殘餘效應，雖然藥物可能對一些兒童在某個特定時段有幫助，但我們並沒有在這一章討論藥物的使用，我們應該要諮商熟悉自閉症兒童，並了解他們對特定藥物反應的醫師。達多夫（Dalldorf, 1985）、帕魯斯尼（Paluszny, 1979），和瑞柏（Ritvo, 1976）都曾經報告過在短暫的、仔細的監控下使用鎮靜劑，可能對某個兒童改變睡眠形態有效，但對另一個兒童卻無效，藥物只用在其他方式都無效時。達多夫（Dalldorf, 1985）建議在和你的醫師討論藥物使用之前，先檢視以下幾點：孩子是否有足夠而且可以預期的睡眠習慣與時間表？他或她有足夠的運動嗎？孩子在晚上是否喝了含咖啡因的飲料，或者其他的刺激性食物如糖或巧克力？如果睡眠一直被干擾，孩子是不是有慢性的鼻塞問題？睡眠環境對孩子來說是否太吵？

如果這些一般的原因都排除了，睡眠還是持續地被干擾，藥物可能會有短暫的幫助，然而，我們必須蒐集孩子何時上床、何時睡著和何時起床的數據資料，監控藥物使用的醫師也應該知道，哪些行為改變技術已經試過了，還有效果如何，在藥物打斷了習慣性的失眠之後，之前故事中描述的預防性方法就可能有效。

參考書目

Azrin, N. H., & Armstrong, P. M. (1973). The mini-meal: A method for teaching eating skills to the profoundly retarded. *Mental Retardation, 11*(1), 9–13.

Ball, T. S., Hendrickson, H., & Clarton, J. (1974). A special feeding technique for chronic regurgitation. *American Journal of Mental Deficiency, 78,* 486–493.

Borreson, P. M., & Anderson, J. L. (1982). The elimination of chronic rumination through a combination of procedures. *Mental Retardation, 20*(1), 34–38.

Brazelton, T. B. (1974). *Toddlers and parents.* New York: Dell.

Bristol, M. M. (1984). Family resources and successful adaptation to autistic children. In E. Schopler & G. B. Mesibov (Eds.), *The effects of autism on the family* (pp. 289–310). New York: Plenum Press.

Dalldorf, J. S. (1985). *Medical aspects of the autism syndrome* [Unpublished Monograph]. Chapel Hill: University of North Carolina at Chapel Hill, Medical School, Division TEACCH.

Daniel, W. H. (1982). A management of chronic rumination with contingent exercise employing topographically dissimilar behavior. *Journal of Behavioral Therapy and Experimental Psychiatry, 13,* 149–152.

Groves, I. D., & Carroscio, D. F. (1971). A self-feeding program for the severely and profoundly retarded. *Mental Retardation, 9*(3), 10–13.

Hendriksen, K., & Doughty, R. (1967). Decelerating undesired mealtime behavior in a group of profoundly retarded boys. *American Journal of Mental Deficiency, 72,* 40–44.

Holmes, C. A. (1982). Self-monitoring reactivity and a severe feeding problem. *Journal of Clinical Child Psychology, 11,* 66–71.

Jones, T. W. (1989). Behavior related eating disorders. In *Treatment of psychiatric disorders* (pp. 57–67). Washington, DC: American Psychiatric Association.

Kozloff, M. A. (1973). *Reaching the autistic child.* Champaign, IL: Research Press.

Kozloff, M. A. (1974). *Educating children with learning and behavior problems.* New York: Wiley and Sons.

Leibowitz, J. M., & Holler, P. (1974). Building and maintaining self-feeding skills in a retarded child. *Journal of Occupational Therapy, 28,* 545–548.

Mulick, J. A., Schroeder, S. R., & Rojahn, J. (1980). Chronic ruminative vomiting: A comparison of four treatment procedures. *Journal of Autism and Developmental Disorders, 10*, 203–214.

Murray, M. E., Keele, D. K., & McCarver, J. W. (1977). Treatment of ruminations with behavioral techniques: A case report. *Journal of Behavior Therapy, 8*, 999–1003.

Paluszny, M. D. (1979). *Autism: A practical guide for parents and professionals.* New York: Syracuse University Press.

Ritvo, E. R. (Ed.). (1976). *Autism: Diagnosis, current research and management.* New York: Spectrum.

Schroeder, S. R. (1989). Rumination. In *Treatments of psychiatric disorders* (Vol. 1, pp. 53–55). Washington, DC: American Psychiatric Association.

Schroeder, S. R., & Reese, M. (1984/1985, Spring Semester). Picky eating and stimulus control: A research project. *TEACCHer's report.* Chapel Hill, NC: University of North Carolina, Division TEACCH.

Singh, N. N., Manning, D. J., & Angell, M. J. (1982). Effects of oral hygiene punishment procedure on chronic rumination and collateral behaviors in monozygous twins. *Journal of Applied Behavior Analysis, 15*, 302–314.

Spock, B., & Rothenberg, M. B. (1985). Dr. Spock's baby and child care. New York: Simon & Schuster.

Stiver, R. L., & Dobbins, J. P. (1980). Treatment of atypical anorexia nervosa in the public school: An autistic girl. *Journal of Autism and Developmental Disorders, 10*, 67–74.

White, A. J. (1982). Outpatient treatment of oppositional non-eating in a deaf retarded boy. *Journal of Behavior Therapy and Experimental Psychiatry, 13*, 251–255.

第八章

行為管理

　　不論孩子是否為自閉症，眾多孩子教養問題中，行為管理一直是多數家長所關切的。自閉症者的特殊問題，包括溝通缺陷、不適當的社會互動行為，和狹隘興趣在內，皆呈現許多眾所關心且富挑戰性的行為問題。家長、教師或照顧者通常會發現，與兒童的手足或其他兒童相處的經驗對於問題的解決助益有限；家長反倒應從與自閉症孩子共同生活經驗中學習，並善用那樣的經驗。有時，家長也可從學有專精，並熟悉許多這類孩子及行為研究的學者們那兒得到幫助。藉由這些作法，通常家長會發現，對抗那些問題行為最好用且最有效的方法，便是了解孩子的特殊需求，並找出引發行為出現的原因。家長、教師或照顧者可基於這樣的了解，更進一步教導孩子替代性技巧，或者改變環境以適應孩子的缺陷，這兩種方法都可將孩子的討厭行為向中間地帶修正。

　　增進個人的技能以及調整環境對缺陷所造成的障礙，一直是醒趣三十年來家長與專家合作時優先考量的教學重點（Mesibov, 出版中）。依據過去的經驗，我們特別強調預防行為問題的發生，可透過結構化教學以及修正討人厭的行為達成。這些方法都已在前面章節裡的冰山比喻中討論了。

　　在前面的章節裡，我們已透過同樣的冰山比喻方式，讓大家清楚地了解各種有效行為處理的真實情境。而在本章的內容裡，我們將回顧各種與發展新技巧或改變環境有關的行為管理原則；同時，我們也將一一說明與正統行為研究有關的概念與原則（Schreibman, 1994）。本章納入多個實例，說明家長有時也會自

發地使用行為研究中的原則。而在許多案例中，那些方法不是別人教家長的，而是家長們從觀察自己孩子的行為而發現的。根據我們的經驗，絕大多數的行為問題可以透過替代性技巧以及調整環境的方式加以預防或解決。有少數的行為問題，通常是那些已經長時間被增強的行為，就算極盡我們所能，也無法藉由了解根本引發機制的方法得到改善；因此在這種情況下，古典操作制約的原則就非常適用於這一類行為上。此技術包含制約特定反應，也就是運用獎勵增強行為、使用懲罰消弱行為，而不需要考慮整個人。

一般行為管理原則

一般來說，為了塑造學生的行為、操弄特定行為的發生，通常在特殊教育情境裡會使用行為管理原則（Ruggles & LeBlanc, 1985）。此作法是基於孩子所做的行為都有其特定目的存在之假設，所以，我們可以藉由減少或增加孩子所預期的目的，用以操控孩子表現特定行為的頻率。「增強」可以增加行為出現的頻率，「處罰」為專業用語之一，意指減少行為發生頻率的過程。我們將緊接著說明各式正增強的作法，因為當正增強的作法奏效時，絕大多數有效的行為改變便會發生。

正增強，是統稱用語，意指一個物品或事件會加強一個行為，行為發生後出現（Kanoly & Rosenthal, 1977）。正增強的用意在於增加特定行為出現的頻率與時間，正增強可以各種形式表

現：微笑、身體接觸、食物獎賞、誇讚……等等。不管有意或無意的，其實每個人隨時都在用正增強。如果增強規律且定期緊跟在特定行為發生之後出現，那麼，增強的效果將會最好。有時，家長發現想在自閉症孩子身上運用正增強很困難，因為，他們通常很難找到孩子感興趣的事物；也就是說，獎賞若要奏效則必須是孩子本身很想要的，因為，孩子會為了得到獎賞而願意做家長要求他們做的事。舉例來說，口頭獎勵「丹尼！真是個好男孩！」或許對許多五歲兒童很有效，但是，對自閉症兒童的效果可能就十分有限。此外，自閉症兒童是不是清楚了解他們必須做出特定行為才能得到想要的獎賞也很重要！

代幣系統

　　代幣系統就是在兒童表現出適當的行為之後，他們會獲得一個代幣（錢、打勾或星星記號）（Fjellstedt & Sulzer-Azaroff, 1973）。這些代幣最後都可換成孩子想要的事物，例如食物、玩具或者是他們所喜愛的活動。代幣方法只對知道過一段時間之後、才能得到想要東西的那些孩子有效，有些孩子不能了解這樣的延宕方式，所以，當他們一表現出特定行為之後，須獲得立即的增強。代幣的一項特色就是當孩子出現良好行為時，就給他們代幣；出現不當行為時，就拿走代幣或者不給代幣。一位家長道出她如何運用代幣系統改善她女兒的行為：

　　　　我十七歲大女兒瑪喜在校車上偶爾會出現不當行為。與

校車司機以及老師討論之後，我們決定每天發給校車司機一張紙條，作為登記瑪喜表現為很好、普通或不良之用。當瑪喜表現紀錄很好時，她得到一分錢；表現普通時，沒錢可拿；表現不良時，扣她一分錢。瑪喜知道如何在學校或家裡花錢享有喜愛事物。因為使用了這個系統，所以當瑪喜獲得金錢的同時，她的行為也顯著地得到改善。

瑪喜在校車上的不良行為可能會造成危險，而當校車司機正在開車時，也難以提供瑪喜正增強，因此瑪喜的母親和老師安排代幣系統，依瑪喜在校車上的行為決定她可以得到或失去金錢。此系統減少瑪喜的不當行為，並且讓她賺得一些錢，而在此值得注意的一點，就是瑪喜了解記錄紙上的記號與她之後所得到的報酬有關；若非如此，代幣系統不可能奏效。

行為的區別增強

其他行為的區別增強是一項專業術語，意指沒出現不當行為時所給與的正增強。舉例來說，面對一個喜歡吐口水的小孩，老師可用一個計時器計時，時間一到、鈴響時，如果那孩子仍然沒有吐口水，老師就給他獎賞。研究者發現這樣的處理方法，就和使用輕微處罰去除不當行為一樣地有效（Haring & Kennedy, 1990；Sulzer-Azaroff & Pollack, 1985）。此法的另一優點在於它可以廣泛加強被預期的行為，例如工作行為。一位家長使用此法減少了兒子令人討厭的行為：

　　當包柏三歲時，喜歡在家門的後院玩，可是，他回屋內的次數十分頻繁，每當他進進出出時，他會用力地關上紗門，無論我如何一而再、再而三地要求包柏不要再摔門，他依舊我行我素、不在意我說的話。有一天，不知怎麼回事，當他進門後，紗門沒有被大聲地闔上，於是，我就獎賞他，給他一片餅乾，並且抱一抱他。打從那時起，就是這麼簡單，我學會了「忽視」他的「不當」行為，而且讚許他的「良好行為」（不論要等多久才盼到「良好」行為），這便是一個快速且長效的解決之道。

　　包柏的母親意外幸運地發現去除他討人厭行為的方法。母親譴責關門太用力的口語方式無效，但是，當她讚許包柏沒有用力關門時，包柏便很快地了解到，不要把門用力關上是值得去做的行為，因為這樣一來他才可以得到獎賞。討人厭行為藉由讚許良好行為而減少了，並非因為處罰不當的行為才減少的。

消弱

　　消弱這個專業術語是指我們會為了某個目的而對別人做出某些行為，也就是說，藉由不提供當事者其喜好物（增強物）的方式以減少其特定行為的出現（Ruggles & Leblanc, 1985）。舉例來說，一位疲憊母親坐下來看晚報，可能她老公就會開始嘮叨，與其回應他「知道了，親愛的！」，倒不如以「忽視」待之，最後

就會發現她老公再也不嘮叨了。同樣的道理，通常老師會發現，如果他們不去注意學生的不適當行為，那些行為可能會自動消失。想要此法奏效就一定得了解孩子想從其互動對象（增強物提供者）身上得到什麼。從某些自閉症孩子表現出的不尋常興趣中，家長們會發現他們孩子所偏愛的奇特增強物。

　　當小裘六歲時，他喜歡把一些按鈕開開又關關。他會打開冰箱的門，然後不停地以手動方式觸碰燈泡控制鈕，於是，我們就把燈泡拿走。小裘也會把電視開開又關關，於是，我們就調整電視的明亮度，讓整個電視螢幕變成黑壓壓一片，這個方法讓他覺得開關電視變得很無趣。

　　由小裘例子中，家長知道他對電視或冰箱的亮光著迷，他們的解決之道很簡單，就只是奪走開關這些電器用品的「趣味性」；換言之，家長改變了物理環境。此一方法去除了小裘玩弄電器用品的習慣，並且讓他獨自待在家裡時，也就不用再擔心財產用品是否會遭到破壞。

反應代價

　　另一個用來減少特定行為的作法叫做反應代價，此法意指當孩子出現特定行為時，我們就把孩子的喜好事物拿走（Weiner, 1962）。因為某項事物被拿走了，所以，這算是一種輕微的處罰方式。對孩子而言，反應代價的作法很直接且清楚易懂，只要喜

好物對他們有足夠的吸引力，此法通常有其效果。一位家長敘述
她如何利用此處理方式解決了她兒子的抓人行為：

> 我的十五歲兒子凱文被人擋到路時，他就會去抓人。他
> 非常喜歡電視和收音機，所以，每當他開始出現抓人行為
> 時，我們就會關閉電視，也告訴他不准聽收音機。這樣作了
> 幾次之後，我們一發現他開始要去抓人時，我們就會提醒他
> 電視機要關了，聽到此話之後，他就會馬上冷靜下來。一段
> 時間之後，他的抓人行為就不常發生了。

這對家長利用輕微處罰方式，也就是拿走他們的兒子所喜愛
的事物，作為對付他的抓人行為的方法。這種直接、有因就有果
的原理：「你一抓人就沒有電視看」確實對凱文有影響力，因此
也幫助他可以控制自己的抓人行為。

區別增強不相容的行為

處理不當行為時，很重要的一點就是盡可能地避免直接對抗
該行為。一個避免直接對抗的方法就是建議替代行為，特別是指
那些與不適當行為相斥的行為。舉例來說，一個喜歡拍手的孩
子，你可以建議他把手放在口袋裡。一位父親道出他對一個常見
問題的解決之道：

> 處於青春期的湯姆喜歡前後來回擺動，在任何椅子上他

都可以這樣做，而且他好像不認為那樣做會干擾到其他人。
我並沒有處罰他，只要求他把雙腳放在一起，這樣一來他很
難再擺動。每當我看到他把雙腳放在一起時，我就會獎賞
他。

這位父親做了兩件事情來改善他兒子的行為。第一，他建議
了替代行為，那讓湯姆很難再做搖擺動作；第二，他獎賞兒子較
為適當的行為。結合這兩種方法讓去除討厭行為以及教導新行為
的成效更棒。

隔離

隔離意指為了對付孩子討人厭的行為，而將他（她）帶離正
在進行活動的場所（Ruggles & LeBlance, 1985; Schreibman,
1994）。此法能以各種方式進行，例如：將孩子帶離特定房間或
者讓孩子獨自待在房裡某個角落。若要隔離方法奏效，必須把孩
子帶離開一個有他所喜愛事物的情境。通常，當孩子的討人厭行
為是因旁人的注意而持續發生，甚至是遭人譴責仍無法停止時，
我們便可使用隔離法。當我們使用隔離法時，很重要的一點就是
必須規定一段時間，通常是短暫時間、不超過幾分鐘。家長們皆
已使用過各式各樣的隔離法：

當我的兒子喬治十歲左右時，他的老師用一個隔離小房
間幫助他控制脾氣。起初，我把他房間的更衣室當成隔離小

房間，而且裡頭有個喬治無法控制的電燈開關。可是，關燈
的作法讓我覺得很不妥當，於是我開始用他的臥室成為較理
想的隔離場所。一開始，我會把他的房門反鎖，並且擺一個
計時器在門外；之後，我只需設定烤箱上的計時器，而且，
我再也不須將房門鎖上。儘管喬治可以自己打開或關上房
門，不過，他知道他必須等到計時器時間到了，才可走出房
間。當喬治激動或興奮時，這樣的隔離方式不僅可以幫助他
冷靜下來，而且當他開始要放肆時，那也是一個很好用的警
告提示。

　　麥克八歲大時，喜歡跟著兩個正值青春期姊姊和她們的
朋友們一起在房間裡聽音樂。那些女孩們是很想讓他參與，
可是每次麥克一生氣就會出現破壞舉動。於是，我們和他達
成協議，我們允許他可以和姊姊們在一起，可是，當他一有
不當行為出現時，他就必須離開她們的房間。我們嚴格執行
上述協議，果然不久之後，這個方法奏效了。麥克喜歡音
樂，同時，女孩們也很高興他的表現良好，如此一來，她們
也會幫忙我們照顧麥克。

　雖然喬治和麥克的隔離方式不同，不過都是控制他們兩人行
為的有效方法。從喬治的實例得知，他的母親讓他離開屋子的某
些地方一段時間，這樣的作法可以幫助喬治冷靜，同時，他的母
親也不需與喬治搏鬥。麥克的實例則是利用隔離人際互動機會的

方法，讓麥克離開他喜歡的熱鬧場所。因為麥克想和姊姊及姊姊的朋友們在一起的動機很強烈，強烈到足以讓他願意在姊姊的房間裡控制自己的行為舉止。

社會性非難

社會性非難是家長常用的教養技巧（Doleys, Wells, Hobbs, Roberts, & Cartelli, 1976）。社會價值評斷可用口語表達，也就是告訴某人不要做某事；或者也可以用臉部表情傳達。社會性非難對那些了解人際溝通且能力較佳的自閉症孩子比較有效。雖然社會性非難可以減少不當行為，可是，它本身卻沒有教導孩子正向行為的作用；因此，社會性非難有時只用於對付那些不易找到建設社會性替代行為的不當行為上。

> 我十二歲大的兒子傑克有拉人家袖子的壞習慣，所以，當他這樣做時，我就會告訴他：「除非你好好表現，否則我們就不跟你在一起！」，同時，就會把他帶到另一個房間。當那樣的行為出現在學校時，老師就會說：「不可以！」，同時，別人也會轉身背對著傑克。現在，他不像以前一樣那麼會抓人了。

家長和老師使用口語譴責表達了他們對傑克行為的不滿。因為時常在學校和家裡，傑克的行為都受到糾正，所以，使得他抓人的行為變少了。當我們看待孩子的負面行為時，一定得去了解

是什麼原因導致孩子做出那樣的不良行為。就這個例子來說，傑克很可能是想要向爸媽表達一些事情或者與他們溝通；但是，傑克還沒具備與人溝通所需的各種溝通技巧。很有可能是他學習到只要他一開始去抓人家的袖子時，大人就會注意到他，這便是操作制約技巧不應被套用的情境。

　　另一家長描述一個用在他孫子身上、較為間接的社會性非難：

　　　　我的自閉症孫子湯姆，今年十七歲，他很想趕快長大。剛升上高中的那個時候，他感到非常驕傲，所以，當他的行為很小孩子氣時，我們就會告訴他：「上了高中的大男生才不會表現像小男孩一樣！」。吃飯時，如果他不吃一些對他有好處的食物，我們就對他說：「這種食物可以幫助你長得又高又大！」這個方法我們已經行之多年，而且很有效果。

　　湯姆的祖母絕妙地使用社會性非難，因為，她用鼓勵湯姆成長的方式，促使湯姆願意好好表現。這策略之所以成功在於兩個原因：湯姆能力夠好，能夠了解怎樣才叫做長大、成熟的表現；祖母善用湯姆想上高中以及想變成大人模樣的欲望。

教導新技巧

　　本書的其他章節呈現許多藉由教導新的溝通技巧，進而減少

行為問題的各種實際案例。有些例子告訴我們處理問題行為的方法之一便是教導新行為，這樣的作法可有效解決問題行為，而且成效維持很久。一位家長指出她用這個方法對付兒子具潛在危險性的行為：

> 當小喬十歲時，我們經常擔心他會迷路走丟。我們住在大農場裡，從不讓小喬離開我們的視線，因為，每次呼喊他的名字時，他經常不會回應我們。後來，我們注意到他對買給他的腳踏車上的喇叭很感興趣。他喜歡那個喇叭，所以，那年夏天不管他騎到哪裡都拼命按喇叭；儘管，我們已開始對那喇叭聲感到厭煩，可是，我們光憑喇叭的聲音，就可以知道他在屋外的哪個地方。如果好一陣子太安靜了，我們就會大喊：「小喬，按一按喇叭」，然後，他會很高興地用按喇叭的方式回應我們。

這是個值得學習的例子，因為它運用正向方法解決孩子的問題行為。小喬的爸媽原本擔心萬一他走失麻煩就大了，不過，他們並沒有處罰他或禁止他到屋外玩，相反地，他們教小喬如何按喇叭；這樣一來，小喬可以在農場裡到處走動，就算他沒有口語反應，他還是可以讓爸媽知道他在哪裡。

另一個常見問題就是如何讓孩子不在公共場合做出令家長困窘的怪異行為。一位母親提供了一個有趣的方法：

　　我十七歲的兒子山姆,是一個高功能的自閉症者。當我
們外出購物時,我一定得帶著山姆和他的兩個弟弟同行。買
東西過程當中,所有孩子很快就開始覺得無聊。因此,我蒐
集一些折價券,然後把那些折價券交給山姆和其他兩個小
孩。山姆的工作是負責在整個賣場裡找出和折價券吻合的商
品。這樣的作法讓他有事做,而且他也很高興。此後,出門
購物成了山姆學習的好機會。

　　山姆的母親提供一個能解決經常在購物情境出現窘困問題的
創意方法。她教導山姆學習新的技巧,也就是讓他學會看著折價
券、找出同樣的物品,這個方法可以預防山姆因為太無聊而出現
不當的行為。這一類正向方法不僅有防範問題行為與教導新技巧
的優點,更重要的是,這些好處可以同時發生,並且有助於家庭
的採買工作。

改變環境

　　有些時候,我們很難阻止不當行為的發生,或者很難找到一
個具建設性的行為取而代之。遇到這種情況時,有些家長發現以
調整住家擺設來預防不當行為,會較為容易、方便,而且較不會
干擾到現場的其他人。此一方法將在接下來的兩個例子中詳細說
明:

我十一歲大的女兒黛咪習慣翻箱倒櫃，只要一讓她獨自
留在房間裡，所有的家具就會被她弄得東倒西歪。為了防止
她這麼做，我們把一些家具固定在牆壁上，同時，我們盡量
買金屬銅材或木質家具，因為這樣一來，當黛咪又要翻倒家
具時，那些家具不容易被移動、也不容易碰壞。

黛咪翻倒家具的習慣影響家人生活，把家裡弄得一團亂，而
且讓她爸媽感到頭痛。黛咪的爸媽藉由購買笨重的家具，以及家
具固定到牆上的方法，阻止了黛咪的破壞行為。另一位家長描述
了一個針對不同問題、但卻十分類似的解決方法：

當凱倫十歲時，他喜歡在房子裡到處遊走。因為我們參
加了幾個家長團體，所以，有時候需要在家裡頭舉行會議。
當我們正在開會時，即使沒有隨時注意到凱倫，我們仍需要
知道他去哪裡。於是，我把家裡所有門的上方釘上勾子和勾
環。任何時候當我們想關閉某些房間時，只需把勾子扣上即
可。現在，當凱倫固定在某幾間房間遊走時，我們能夠清楚
掌握他在哪裡，而且知道他會很安全。

為了處理兒子的遊走行為，這位家長找到一個不容易引人注
意的改變住家空間方法。勾子和勾環都不需要花很多錢，而且通
常可以裝在家裡一些固定常見的地方。不論何時，只要有需要隨

時都可以把房門關緊，同時也可確認馬克安全地待在那些房間
裡。

常見行為問題

　　儘管自閉症兒童表現出各式各樣的問題行為，大致上可以分
成兩大類：不服從與干擾行為。就專業術語來說，不服從意指不
順從、或不遵循家長的要求與指示。明顯地，若想教導一個不服
從的孩子學習特定主題是很困難的。而發脾氣、無理取鬧之類的
干擾行為，其影響他人的程度遠大於不服從行為，因為，那些行
為可能會影響整個家庭、教室或者公共場所的其他人。由於擔心
孩子無理取鬧行為會發生，可能因此限制了家庭成員參與某些活
動，特別是那些需要到公共場合的活動。除非孩子的干擾行為得
到了控制，否則，他們的家人就很難從事一般正常家庭所做的各
種活動。

　　接下來的內容裡，我們即將呈現家長與專家如何處理這兩類
問題行為的各個實例。雖然，這些實例不是一份完整清單，但
是，這裡所提供各種建議卻能激盪大家想出更好的點子，並用於
處理自身所面臨的行為問題上。

不服從

　　如果孩子本身願意而且有能力遵循指導原則的話，那麼想要
教導他們新的技巧或社會行為時，就會變得比較容易些。行為學

者已發展出各式用來改善不服從行為的技術，而且絕大多數包含
基本行為管理技術在內，也就是前面內容所說明的增強、代幣系
統、隔離、成人給與注意、改變環境以及剝奪喜好等技術。實行
這些技術時，應特別著重使用正向方法，而非以處罰處理孩子的
不服從行為。我們經常聽到自閉症者缺乏動機的問題，遇到這種
情況時，則需試圖找出正確的增強物，不該就這樣放棄使用增強
方法。一位支持性就業中心員工提供了一個因為有所堅持、就有
效果的實際案例：

> 今年二十六歲的馬克已經好幾週拒絕到支持性就業中心
> 工作。中心員工，不管是心智健康專家或者其他專業人員都
> 去了馬克家，想辦法鼓勵他上班；可是，沒有任何人如願達
> 到目的。後來，有個職員想到一個點子，他詢問馬克要不要
> 去中心隔壁甜甜圈店的意願，沒想到此話一出，馬克馬上就
> 起身穿好衣服。現在，要馬克到中心上班再也不成問題。

這案例可明顯看出使用了個別化正向增強技術去引發孩子服
從行為。當馬克拒絕到中心時，員工們找了各種理由說服他，但
沒有任何人可以說動他。一旦有人找到對馬克有作用的獎勵時，
很快地，他就願意去中心上班了。

代幣系統是一種形式較為複雜的正增強技術（Ayllon, Garber,
& Allison, 1977; Fjellstedt & Sulzer-Azaroff, 1973）。曾有一群專家
共同發表一個拒絕遵循指示的身心障礙學生個案報告：該學生願

意遵循指示時，他們就會給代幣，而代幣系統就是這樣建立起來
的。代幣可用來換取自由活動時間或者食物，這些都是可以激勵
孩子有意願立即遵循指示的事物。下面便是另一種運用象徵符號
形式作為社會增強的例子：

　　　十六歲的安麗很難自我控制在教室裡的行為，好幾年下
　　來，她曾表現出各式各樣的干擾行為，而我們主要都用打屁
　　股對付她。後來，我們試了很多其他的方法，包括使用正增
　　強技術，可是，任何方法的效果都無法與「乖孩子獎章」相
　　互媲美。現在，只要安麗每天能夠完成指定作業，她就可以
　　得到一個「乖孩子獎章」。

　　「乖孩子獎章」與其他笑臉、金色星星圖案的貼紙一樣，都
屬於社會增強的一種象徵符號。當自閉症兒童偏好食物之類的實
質獎賞時，使用社會性獎賞就難以預見其效果，因為，建立任何
象徵符號形式做為一種獎賞方式，都必須是有其特殊意義存在。
不管是老師或家長都會提供安麗「乖孩子獎章」，並且幫助她累
積獲得更多的獎章，所以，在安麗高興之餘，其行為控制的效果
也較體罰方式來得好。此外，還有另一種常見的社會增強作法，
就是我們會根據孩子的表現，用以決定我們想增加或減少對他們
的關注程度（Schutte & Hopkins, 1970; Wahler, 1969）。一群研究
者曾訓練有不服從行為孩子的家長們使用基本的行為管理技術，
之後，他們發現到家長的關注就是最有效的增強物。當家長學會

一旦孩子表現合作時就增加對他們的關注的作法，就可以顯著改善孩子的行為。

四處遊走而走失或迷路的行為是自閉症家長經常提到的問題之一，這樣的行為具有潛在危機，也同時會限制家庭參與活動以及孩子本身的獨立能力。當孩子不聽從家長警告時，就會形成特殊問題，因為，這一類孩子通常也同樣對處罰沒有什麼反應。一個行為主義團體曾發表他們所設計的一個複雜系統，並且說明該系統對於來自三個不同家庭兒童的實行結果都很成功（Barnard, Christophersen, & Wolf 1977）。他們建立一個集點系統，要求母親每次到超市採購時都帶著積分板，每隔五分鐘如果孩子沒有四處遊走或離開，母親就會給孩子一點；反之，如果離開了，孩子就會被扣兩點。等一回到家，孩子就可以把點數換成糖果，而這樣的集點系統成功地減少孩子的遊走行為。一位家長描述他用來控制孩子遊走行為的方法：

> 凱倫小的時候，如果我們沒有牽住他的手，他可能就會走丟遭遇危險。我就告訴他，如果他握我的手，我就不會去抓他的手；但是，如果他不握我的手，我就不得不去抓他。當他開始抓握的動作，他覺得自己比較獨立。幾次下來，我們不再讓凱倫抓握整支手，改成讓他抓一根手指頭。當他年紀漸長時，牽手的動作看起來很不恰當，所以，我就教他改為抓握我的袖子。最後，他會走在我身邊而不再四處遊走。

　　凱倫的父親使用一個簡單但絕妙的管理技術。他看出兒子的固執性以及想要獨立的感受；同時，他知道他不可以讓凱倫一個人到處亂走，因為他很可能走丟。為了解決這樣的兩難情境，父親教導凱倫保持靠近並且讓他主動抓握父親的手；凱倫覺得這樣子做對他很重要，同時，父親也能帶他到公共場合而不需擔心其安危。

干擾行為

　　自閉症兒童可能會出現各種干擾行為，例如亂發脾氣、尖叫、拳打腳踢、撞東西和抓咬自己或別人。絕大多數這些行為的處理方法都已在本章的冰山圖示以及實例中呈現，在這裡特別需要強調，就是我們必須仔細觀察事件的發生經過，以及了解兒童相關行為的歷史、或者是有關的醫療紀錄，之後，處理干擾行為便與問題解決的介入方式（problem-solving intervention）有關。此法對多數情況或事件都有效果，可是，有一小部分的情況或事件，很難找到根本的原因，然而，干擾行為仍能因此而受到控制。行為學家發展出一個控制干擾行為的方法就是「隔離」（Schreibman, 1994）。這方法在本章前面的內容已經說明了，也就是把孩子帶離行為發生的環境一段時間。一發生不當行為時，馬上使用隔離方法，通常較有效。家長有時會採用隔離的方法：

　　　　當我的八歲女兒小菲不如意時，她經常會尖叫或者製造

怪聲音。我就告訴她，如果再製造那些噪音時，我們就會送
她到外頭。因為她喜歡別人注意她，所以不喜歡待在外頭。
小菲知道到外頭是一件「壞事」，所以，當我們威脅說要把
她送到外頭時，她就會克制自己的尖叫怪聲。

如果環境中某些事物促使行為出現，或者是孩子不喜歡被隔
離，那麼，使用隔離方法就很有效果。多數例子裡，孩子一直表
現干擾行為是因為他們為了得到注意，於是故意那樣去做。小菲
的家長察覺到這一點，他們也了解到當小菲尖叫時，必須將女兒
送到另一個地方，好讓她的尖叫聲不會吵到他們，同時也不會得
到他人任何注意的。於是，他們把小菲送到外面，因為她不喜歡
到外面去，所以這個方法有效地減少小菲尖叫的行為。當孩子出
現干擾行為影響環境時，可以不用任何處罰方式也能加以有效解
決。

我的四歲兒子巴比有時很會生氣，我們發現如果當下就
把他送到外頭去，他會比待在屋內還要更快地冷靜下來。看
來改變環境對巴比很有幫助，因為待在外面時，他可以大力
地搖晃鞦韆、溜滑梯等等，這樣一來可幫助他自己冷靜下
來。

這對家長發現將巴比帶離不高興的地方、送他到外面，可以
幫助巴比冷靜下來。雖然這不是隔離的傳統作法，但卻是藉由提

供巴比有機會表現替代行為，好讓他冷靜下來的方法。巴比待在外頭時可以很好動，並且釋放他的憤怒與挫折感。在此必須提醒大家一點：提供替代行為時，我們得思量是否每次要求巴比到外面去的時候，他會不會因為這樣的要求而繼續地哭鬧？如果真是這樣的話，或者哭鬧行為沒有因此而停止，我們就得改用其他的方法。

　　家長和專家都曾發現，若能察覺干擾行為的預警癥兆，並在發生之前改變情境，這樣一來，就可以避免問題行為發生。舉例來說，預防亂發脾氣的其一方法就是教導孩子每次開始要焦躁或生氣之前就做替代行為。兩位學者麥考洛琳和拿依（McLaughlin & Nay, 1975）曾發表他們如何處理一個青春期女生每次一緊張就抓頭髮的行為問題個案。他們教導她聽愉悅的音樂以及做呼吸運動的放鬆方法：每次她開始去抓頭髮時，她學會跑到錄音機那裡，開始播放使人放鬆的錄音帶，這個方法成功地減少她的抓頭髮行為。一位家長描述一個用在她女兒身上較不複雜的方法：

　　　　每次把珍妮叫醒時，我可以看出來那個早上是否好過。假如在珍妮很睏、很難叫她起床時，通常她就會亂發脾氣。每天早上，珍妮都會重複這樣的行為模式，而且還會不斷抱怨、跺腳摔東西，最後，甚至不願意上校車。我試著稍後載她到學校，或者處罰她的不當行為方式處理上述的行為，但似乎都無法奏效。我知道珍妮很喜歡音樂，特別喜歡沙灘男孩的歌。因此，如果珍妮看來將會有不太好過的早晨，我就

會播放她所擁有的其中一個卡帶。現在，海灘男孩的歌聲可
以趕走珍妮的壞情緒，並且讓早晨變成一個美好的開始。

珍妮的母親察覺女兒壞心情的預警徵兆；每次很難叫醒珍妮
時，她的心情很可能就會很差。藉由愉悅的音樂，珍妮的注意力
轉向她所喜愛的事物上，所以，這樣的方法通常很有效。預防亂
發脾氣會比對付生氣到極點時的行為來得容易許多。一位教師描
述她如何轉移學生的注意力、避免學生亂發脾氣：

在我班上六歲大的泰德不如意時，就會發脾氣。告訴他
「可以」或「不可以」的方法似乎像是設了更強大的障礙，
並且會導致更激烈的爭執。我知道泰德很迷燈光，所以就買
了一個玩具交通號誌。我教導泰德了解每次我按綠燈時，他
可以做他想做的；但是，當我按紅燈時，他就無法得到他想
要的。由於泰德很喜歡燈光，所以他願意遵守指示、不再亂
發脾氣。

家長和專家都注意到，如果孩子了解我們拒絕提供他們所想
要的事物並非針對個人做的決定時，即使不能如其所願他們也不
會那麼生氣。有些孩子較能遵循書寫形式的指示，以及非針對單
一學生而是所有人都要遵守的生活常規。泰德的老師利用他對燈
光的興趣以作為提供指示的有趣方法。因為他對燈光很著迷，所
以他不但不會抓狂，而且願意遵守指示。有時，更明確、清楚地

說明指示,可以避免孩子亂發脾氣。一項研究指出,當孩子被告知要做事時就會發脾氣,母親就應該學習如何清楚且堅決地給與指示,此法可減少孩子亂發脾氣的行為(Bernal, Duryee, Pruett, & Burns, 1968)。一位家長提供一個她如何避免兒子亂發脾氣的方法:

> 瑞克無法保持耐性去等待他喜愛的事物,有時,在等待當中他就會變得沒有耐性,於是就開始發起脾氣來。每次我們計畫家庭旅行時,我會幫助他冷靜地做準備工作。我們準備一個日曆,每天用色筆在旅行啟程日前做記號,也會討論今天的日期、還有多少天就要去旅行、旅行途中會看到什麼……等等話題。這樣的作法幫助瑞克控制其焦躁性情並且變得更有耐性。

每當必須等待喜歡的事物時,瑞克就會亂發脾氣。瑞克的時間觀念不佳,所以他並不了解「等待」是表示即使無法馬上,但之後仍可得到他想要的事物,因此,瑞克的母親便使用日曆所提供的視覺線索幫助他。透過日曆,瑞克了解何時他就要去旅行,他再也不那麼迷惑;同時,這樣做也提醒瑞克將要去旅行,並且讓他在出發之前的這段時間內有事可做。像這樣的視覺提示已用在許多自閉症兒童的行為問題上(Schopler, Mesibov, & Hearsey, 1995)。

多數社交活動都需要大家去遵守規則,但是,自閉症孩子通

常很難了解規則，所以，當他們不得不遵守規則時，他們通常就會很不高興。一位家長提供一個她如何幫助兒子了解規則，並且減少發脾氣行為的方法：

> 過去，每當我們遇到停止標誌而停下車時，我兒子迪克就會發脾氣，因為，他很喜歡從車窗看所有東西在車子跑動時的掠影。於是，我們就把他帶出車外，告訴他什麼是停止標誌以及所代表的意義；此外，他也學會一看到停止標誌就要停下來等一下，然後再過馬路。現在，當我們遇到停止標誌而停下車時，迪克可以很有耐性的坐在車內。

迪克不了解為什麼家長要把車停下來，每次只要在停止標誌前停下時，他就會生氣。停止標誌對迪克來說不具任何意義。所以，他便認定家長無緣無故把車子停住。於是，家長教他了解什麼是停止標誌以及每次看到應該怎麼做。一旦學會這件事情，每次家長在停止標誌將車停下時，迪克就可以很有耐性地坐在車裡。

破壞行為

只有少數行為問題被歸類為破壞行為（請參見本書第五章）。破壞行為發生時所呈現的強度和（或）頻率及持續性，都會對於行為者、其他人或者是財產有立即的危險。嚴重自傷行為

意指重複地傷害自己而且產生流血、骨折或者永久性組織損傷；
有些則對行為者本身較無傷害性，但卻對家人或照顧者等他人造
成傷害，而這類行為就叫做攻擊行為。

　　這些行為的起因通常不得而知，但有可能是自閉症者缺乏某
種生理酵素的關係。此外，破壞行為也曾被歸咎於神經結構、生
理或者化學異常以及社會與環境剝奪這些原因，而刺激需求是因
為知覺缺陷的緣故。具有這些行為的自閉症者通常被送到教養機
構，但有時他們也可能待在家裡。

　　我們通常利用一種本書已介紹過的家庭成長的介入方法
（home-grown intervention），以及本章所討論的行為管理技術去
預防或對付破壞行為。在過去，當上述這些方法都沒有效果時，
就會改用藥物治療和（或）嫌惡治療技術。這兩種方法都必須在
專家監督下才可使用，而且使用的時間必須有所限制。

藥物治療

　　專家們普遍同意一項說法：在自閉症者身上，任何單獨使用
的藥物治療作法都不具成效（Gualtieri, Evans, & Patterson,
1987）。然而，有證據顯示，特別是在機構裡會有過度使用藥物
治療的情形。目前被用來減少破壞行為藥物包括抗精神病藥物、
巴比妥鹽、興奮劑、抗焦慮藥、抗憂鬱藥、抗抽筋藥、鴉片拮抗
劑。多數藥物都具有副作用，其中，經常提到的就是抗精神病藥
物，如果時常使用此藥，病人會出現遲發性自主運動異常的副作

用。上述這些藥物都只能由專家針對特定行為，在一定時間內使用，同時，也需做相關的血液檢查，並且具備良好的醫療監督系統。

嫌惡治療

當其他技術對行為問題都沒效果時，嫌惡治療技術是最後一個可用的解決之道。此技術包括短暫（不到一秒鐘）電擊皮膚、把味道不好的東西放進他的嘴巴或空氣中，或將水霧、阿摩尼亞鹽放在鼻子下方，或騷他癢。其他減少行為之技術包括過度矯正法（例如：清理自己吐出的痰和別人吐出的痰）、抑制法以及之前所提過的方法。

這些嫌惡治療很受爭議，學者們之間還曾為此而激烈爭辯。一般來說，學者們普遍同意應該多用正增強或獎賞、少用任何形式處罰的說法；可是，在一九九〇年時，國家心智健康機構（the National Institute of Mental Health）曾建議：經由審慎的考量以及只在治療方案實施的情況下，如果醫療機構決定採用嫌惡治療技術，那麼本單位仍建議使用該技術。目前，仍舊有一些人希望將來會有新的研究帶來較好的方式去處理棘手的問題行為，他們希望有一天可以不需要用處罰和嫌惡治療技術。幸好，那些棘手的問題行為並不常見。

現在，我要將此書獻給那些找出以人道方式與自閉症者共處，以及有時符合當前最佳行為科學知識問題解決的家長或專業人員。此書所做的努力也可以鼓舞每一個人，不論你現在正在對

抗《診斷及統計手冊》所定義的孩童教養問題，還是主要由家人
所察覺到的行為問題。

參考書目

Ayllon, T., Garber, S. W., & Allison, M. G. (1977). Behavioral treatment of childhood neurosis. *Psychiatry, 40,* 315–322.

Barnard, J. D., Christophersen, E. R., & Wolf, M. M. (1977). Teaching children appropriate shopping behavior through parent training in the supermarket setting. *Journal of Applied Behavior Analysis, 10,* 49–59.

Bernal, M. E., Duryee, J. S., Pruett, H. E., & Burns, B. J. (1968). Behavior modification and the brat syndrome. *Journal of Consulting and Clinical Psychology, 32,* 447–455.

Doleys, D. M., Wells, K. C., Hobbs, S. A., Roberts, M. W., & Cartelli, L. M. (1976). The effects of social punishment on noncompliance: A comparison with timeout and positive practice. *Journal of Applied Behavior Analysis, 9,* 471–482.

Fjellstedt, M., & Sulzer-Azaroff, B. (1973). Reducing the latency of a child responding to instructions by means of a token system. *Journal of Applied Behavior Analysis, 6,* 125–130.

Gualtieri, T., Evans, R. W., & Patterson, D. R. (1987). The medical treatment of autistic people: Problems and side effects. In E. Schopler & G. B. Mesibov (Eds.). *Neurobiological Issues in Autism* (pp. 374–385). New York: Plenum Press.

Haring, T. C., & Kennedy, C. H. (1990). Contextual control of problem behavior in students with severe disabilities. *Journal of Applied Behavior Analysis, 23,* 235–243.

Kanoly, P., & Rosenthal, M. (1977). Training parents in behavior modification: Effects on perceptions of family interactions and deviant children. *Behavior Therapy, 8,* 406–410.

McLaughlin, J. G., & Nay, W. R. (1975). Treatments of trichotillanonia using positive covariants and response cost: A case report. *Behavior Therapy, 6,* 87–91.

Mesibov, G. B. (in press). Division TEACCH: A collaborative model program for service delivery, training, and research for people with autism and related communication handicaps. In M. C. Roberts (Ed.), *Model programs in service delivery in child and family mental health.* New York: Plenum Press.

National Institute of Health. (1990). Consensus development conference statements: Treatment of destructive behaviors in persons with developmental disabilities. *Journal of Autism and Developmental Disorders, 20,* 403–429.

Ruggles, T., & LeBlanc, J. (1985). Behavior analysis procedures in classroom teaching. In A. S. Bellack, M. Heusen, & A. E. Kazdin (Eds.), *International handbook of behavior modification and therapy* (student ed., pp. 353–390). New York: Plenum Press.

Schreibman, L. (1994). General principles of behavior management. In E. Schopler & G. B. Mesibov (Eds.), *Behavioral issues in autism* (pp. 11–38). New York: Plenum Press.

Schopler, E., Mesibov, G. B., & Hearsey, K. (1995). Structured Teaching in the TEACCH system. In E. Schopler & G. B. Mesibov (Eds.), *Learning and Cognition in Autism* (pp. 243–268). New York: Plenum Press.

Schutte, R. C., & Hopkins, B. L. (1970). The effect of teacher attention on following instructions in a kindergarten class. *Journal of Applied Behavior Analysis, 3,* 117–122.

Sulzer-Azaroff, B., & Pollack, M. J. (1985). The modification of child behavior problems in the home. In A. S. Bellack, M. Hensen, & A. E. Kazdin (Eds.), *International handbook of behavior modification and therapy* (student ed. pp. 311–352). New York: Plenum Press.

Wahler, R. G. (1969). Oppositional children: A quest for parental reinforcement control. *Journal of Applied Behavior Analysis, 2,* 159–170.

Wahler, R. G., & Foxx, J. J. (1980). Solitary toy play and time-out: A family treatment package for children with aggressive and oppositional behavior. *Journal of Applied Behavior Analysis, 13,* 23–39.

Weiner, H. (1962). Some effects of response costs upon human operant behavior. *Journal of the Experimental Analysis of Behavior, 5,* 201–208.

第九章

社區支持

問題行為

潛藏的缺陷

　　前面幾章皆著眼於自閉症的各種特殊行為問題，以及這些行為問題如何在家庭中得到解決或改善，而我們將在本章節內說明如何藉由社區支持、地方或縣市及全國訊息，進而改善前面所提到的各種問題。

　　我們所提供的資源能協助解決家長所提到與社區有關的問題，例如：誰能了解我孩子和箇中辛酸？我可以跟誰訴說？哪些醫生和牙醫較有同理心？哪些學校是最好的？哪些餐廳、遊樂場和游泳池較願意接納、包容？本章內容將呈現各式各樣家長共同合作的方法，他們就如同朋友一樣彼此幫忙、互相支持；同時，更可以成功地將服務發揚光大，並且創辦各種公益活動。最後，我們也將提供國家級組織的清單，這些組織皆提供與自閉症兒童有關的訊息、書面資料。

　　我是個曾對抗許多本書所提到個人及實際問題的家長之一。根據我的經驗，最有用的解決方法來自於與明理多聞的專業人員，以及與家長共同合作的結果。我許多要好的朋友都是走出自閉症困境的人。

　　對我而言，教養我的自閉症孩子就像教養我其他的小孩一樣──同時有喜悅、也有挑戰。這樣的經驗有高潮與低潮、有勝利與挫折，尤其能帶來滿滿的愛。

走出孤獨

　　嚴重孤獨感的危機是自閉症家長最無可避免的情況之一。太

少家庭成員或朋友能了解何謂自閉症、以及自閉症對你和孩子本身及家庭所造成的影響。你的孩子看起來很特殊，你覺得很孤獨。

在我兒子剛出生那幾年，我們不住在北卡羅萊納州，當時來自地方專家或其他家長的支持很少。我最悲傷的回憶之一，就是那時我們每天到地方遊樂場一遊；在那裡，我兒子所從事的活動很有限，當別的小孩高興地玩著鞦韆、吊繩和蹺蹺板時，他只在遊戲場邊的矮牆邊沿走——以孤獨且重複的方式、聚精會神地走著對稱直線；當我被那些似乎快樂、無憂無慮的大人，以及除了我孩子之外那些正在遊戲的孩子們的景象與聲音包圍時，我心中從未那般寂寞。

儘管很熟的朋友或家人再怎麼樣努力表達對我兒子診斷結果的關切之意，可是仍舊難以讓我們得到慰藉。當我們好不容易了解我孩子並非如我們想像時，我們同時就得學習關於自閉症的所有事情。此外，我們真的必須靠自己找尋對我們有幫助的地方資源，也必須想辦法面對兒子的難纏脾氣、找出哪裡有語言治療師、哪個學校所提供的方案對他最有用、該如何幫助他的姊姊了解自閉症，以及如何應付每天教養障礙兒童所面對數不清且困難的問題。

我發現我最好的生存之道就是與其他自閉症家長的連結；也就是說，家長有如在壕溝裡的士兵，知道地方資源或支持服務措施，而且有很棒的點子。我們這些家長，因為不知所措的痛苦經驗，而碰巧讓大家聚在一起互相幫忙、一起面對自閉症。

　　得知我孩子診斷結果之後，我打第一通電話的對象是醫生給我的家長電話。我覺得我得趕快和一個已經經歷那種處境、了解那樣痛苦的人談一談；我永遠記得那次的談話是我人生中的重要事件之一。那母親的孩子只比我小孩大幾歲，所以，她知道我的所有感受以及想問的問題。不過，最重要的是讓我知道我並不孤單，因為別人也都經歷過難受的不確定感、憐愛、失落與恐懼的時刻。她也告訴我，總會有一天，我可以做到開懷面對自閉症的獨特幽默感。

　　在我忍受想盡辦法找出我兒子到底出什麼問題、該如何幫助他的一連串痛苦之後，與其他母親的一番談話，使我感受到總算有人能了解我的遭遇。很顯然地，我得以生存下來的關鍵，便在於我與其他社區自閉症家長和專家建立起有效且互相關懷的關係。

　　搬家到北卡羅萊納州——家長與專家合作醍趣方案源起地——之後，我就加入其他自閉症家長，我們一同分享彼此的經驗、資訊、抱負以及情誼。

　　在北卡羅萊納州的教堂小山，由家長與專業人員合作過程中，已發展出兩個自閉症兒童家庭的無窮寶藏，它們分別是教堂小山當地組織（簡稱 CHALU），這是一個北卡羅萊納州自閉症協會地方分會；另一則是《自閉症三角資源手冊》，它是一本經由教堂小山的醍趣中心協助家長團體所合編的資源書籍。這兩項都是網絡資源的工具，只要家長願意創造與建立他們自己的支持系統，兩者都可以應用在其他地區。

地方組織

　　地方組織是本書提及家長幫助家長精髓的源頭，這樣的民間組織具有直接影響自閉症兒童家庭的潛力。地方組織可以是任何以社區為基礎的家長（包括其他感興趣的人）團體，這些家長的共通處在於他們的小孩是自閉症。這些地方組織可能與美國自閉症協會的關係密切，或者隸屬於各州分會下的地方單位。

　　我們在教堂小山可得到醍醐部門支持的好處。各地方的自閉症兒童家長也有同樣的需要，他們得找尋方法去解決我們都要面對的挑戰。家長自己就是解決之道的理想來源之一。提倡與宣導的第一步，就是找出在我們家園、學區城鎮或地理位置內的其他自閉症兒童的家長。

　　那些初知自閉症的家長可能發現他們所居住之處已經有個地方組織了，或者經由聯絡各州自閉症協會的分會，或是詢問全國性的組織（美國自閉症協會的免付費電話為 1-800-3-AUTISM、1-800-328-8476；中華民國自閉症總會的電話為 02-25926928）則可得知。如果你所在的地方沒有任何團體組織，你可以試著聯繫小孩同學的家長、醫生診所、早期療育中心或者是州立代表。與其他人共同合作有利於自己，並且讓解決家裡、社區裡出現的各種自閉症相關問題變得更容易些。

教堂小山當地組織

　　我們在教堂小山的地方組織，它眾所熟知名稱為教堂小山當
地組織（CHALU，是由 Chapel Hill Area Local Unit 大寫英文字母
組成的字），隸屬於北卡羅萊納州自閉症協會的地方分會之一。
教堂小山當地組織是三年前所成立的，它把地方上有類似問題、
關切自身自閉症小孩的家長們集合在一起。

　　一九九一年時，我邀請兒子班上五位同學的家長，到我家一
起討論孩子們的教育問題。當時我被家長們表達有機會互相認識
的喜悅之情而感動，第一次的聚會，成功地讓有許多共同點的一
群朋友輕鬆愉快地共聚一堂，我們彼此分享孩子的點點滴滴、討
論個人所關心的主題，並且集思廣益想出策略，促使學校行政人
員所提供的服務更符合孩子的需求。這樣由五位家長組成的團體
就此開始在固定時間聚會一次。某次的聚會裡，我們邀請學區裡
特別服務組的長官參與我們的聚會，該長官是學校的行政人員，
專門掌管我們孩子校內的各種事務。有他參與我們在輕鬆夜晚的
聚會，我們會表達我們所關心的事情，這樣的作法很棒，因為不
只幫助我們更認識這位長官、他也跟我們更熟識；更重要的，這
作法幫助我們對自己所組成的團體感到安心且具有效能。

　　當這五位家長組成的核心團體變得愈來愈有效能後，我的朋
友莎麗（Sherry Anscher）與我開始討論這個團體所呈現出來的無
窮潛力。我們構思許多創新及當前缺乏的方案和活動，如果在教

堂小山有辦法組織起更多自閉症兒童家長和其他感興趣人士的團
體，那麼這些方案和活動就可以實現。我們認為光是五人小型團
體都能影響學校行政措施，那麼，若能找出並且鼓勵其他社區人
士的加入，無窮的好處就會出現。

在北卡羅萊納州自閉症協會的幫助下，我們決定舉行了一場
創辦會議，會中討論決定是否有足夠優勢成立地方組織。州立辦
公室提供我們地方上可能有興趣的人士名單，以及地方上的出版
媒體清單。我們發送傳單到學區內的各個特教班，我邀請可能會
對此組織成立感到興趣並且支持的所有教師、醫生、代表、專
家、醒趣學者、鄰居和朋友們出席。結果出乎我們意料，當天竟
然有五十多人出席第一次會議。當天我們一一介紹所有出席人
士，而在場所有人都有機會表達成立此一地方組織的個人看法與
觀點。有些家長是第一次遇到其他住在當地的家長。每個人都贊
同成立該組織的立即性與必要性，並且希望成為州立分會下的正
式地方組織。我們誓師建立起一個具支持、服務與友誼等正向功
能的舞台。莎麗與我以共同理事長的身分領導這個組織，其他義
工則擔任指導委員會的職務。成立組織所集結的熱忱具影響性，
如今教堂小山當地組織已是一個穩健發展、擁有超過五十名成員
的社區組織。

行政單位

教堂小山當地組織由九位成員所組成的指導委員會率領，委
員會裡設會長一名主其事，此會的運作依據一套標準法規，而此

法規以美國自閉症協會所訂定的法規為基礎。我們事先規畫每年
的會務活動時間表，安排各項團體組織、教育、宣傳以及社會大
眾的宣導活動。常務會議借用地方上教會的小木屋，每個月定期
召開一次。此一會場由某位委員負責安排，他是該教會的教友之
一。會議內容五花八門，包括尋求支持、教育、地方資源的訊
息、演講、討論方案發展的點子都有。我們委員會每月聚會一次
討論日後活動的規畫並處理當前熱門的議題。

成就

　　短短幾年內，這個逐漸成長的組織已經達成許多目標，而這
些目標在於幫助多數人，而非只滿足特定家庭或小孩的需求。我
相信我們的組織已經成功了，因為成員的強烈企圖造就了一個團
體。經由日漸滋生的同志情感，深厚且永不改變的友誼從此開花
結果。

　　教堂小山當地組織的成就包括各種休閒活動、手足團體、喘
息方案、月刊發行、社交聯誼活動、國中教育計畫以及建立團體
住宿家庭。一九九四年，我們舉行一整天「自閉症與電腦」的會
議，總計超過一百人參與該會議。

　　各種活動的經費來自會員會費，目前會費若是家長身分年繳
二十元美金，教師或其他專家學者則需年繳十元美金。

　　部分教堂小山當地組織活動已經成為每年例行事務，例如：
感恩夜、萬聖節家庭嘉年華、歲末假期派對、夏日嬉水以及家庭
招待會。

定期刊物

我們以發行月刊的方式與所有會員保持聯繫，我們的月刊名稱叫《雨人》（*The Rainman*）。其內容除刊載近期活動時間表，也是所有家庭會員、老師和朋友們揮灑創作的天地，每個月我們力邀所有人提出作品或文章刊登在每月的出版物上，甚至也有固定給孩子們看的專欄，例如：「馬休電影評論」、「保羅運動分析」專欄。《雨人》月刊的發行必須感謝主編的努力（目前主編由瑪麗安擔綱）。此一刊物也是我們地方組織的經費來源之一，因為這份月刊只免費給有繳費的會員，沒繳費的人可以付費訂閱。

當地組織基礎

當地組織是自閉症兒童家長的重要生存工具，但並非所有社區都成立一模一樣的組織。每一處的當地組織，皆呈現各個社區獨特的風格以及需求。儘管每個組織可能有成員及其所在地區的特色，不過，理想上而言，每個組織都應具下列五項確切目標：支持、教育、公共關係、提倡宣導以及各種服務。

支持

地方單位的本質應具有成為支持性團體組織的功用。一般而言，自閉症家長會尋求那些只有處於相同情況的人所能提供的同

理、了解與關懷。地方單位可以在每年安排特定時間舉辦一般公開討論會，藉以提供大家可以有發言或聆聽的機會。地方單位應該提供每個人包含所有會員姓名及電話在內的清單，這一份清單甚至也可提供各個會員的小孩年齡、特殊的行為問題，以及特別關心的權益等。

教育

　　得知孩子被診斷為自閉症之後，家長通常不知哪裡可以幫助他們了解更多相關的訊息，或是哪些地方可以得到協助。地方單位可用各種方式提供服務而成為一個指引中心。地方單位可安排一些會員負責與生手家長談話，並且提供支持與同理感受；也可提供有關自閉症的書面資料——包括地方單位介紹、服務內容、地方上各種資源；或者是發展出資源手冊（請參見《自閉症三角資源手冊》）。地方組織同時可以利用定期聚會時間，依各種主題內容邀請講師、提供大家最新訊息。

公共關係

　　由於自閉症是一個低出現率的障礙，因此多數大眾並不熟悉自閉症。地方組織的其中一項目標可能就是讓每個人都有機會接觸自閉症兒童，要讓各行各業、左右鄰居、各宗教集會場所、公立學校教師和地方官員都了解什麼是自閉症。地方組織要把如何辨識、接受自閉症兒童訊息，傳達給社區中的人們，並把此項工作當成一項使命；會員們或許可以在學校或其他公共場合表演或

展示；他們也可要求當地休閒中心接納自閉症兒童參與體能或才藝活動；或在地方廣播電台或電視台談論相關話題；地方組織可以定期發行刊物並且寄送給重要的社區單位及學校領導者。自閉症家長應該踴躍出席親師會、特殊兒童會議以及其他類似的學校管理委員會；地方組織或許可指定會員代表定期參加學校人員會議，並在提及相關議題時代表自閉症兒童。

提倡與宣導

提倡與宣導是地方組織的一項重要功能。地方上的家長是最了解學校、社區活動以及該透過誰而獲得服務的人。與制度有關的最有效訊息也是來自曾經使用過的家長們。地方組織的會員是最強而有力的提倡與宣導者，因為他們都了解一群人所集結出的力量優勢，學校或許較不會去提供單一孩子所需的服務，但是若由一群家長共同提出相似服務的需求時，學校或許就較容易察覺到這種需求。依照這種方式，當相關議題出現時，地方組織就可讓預先準備的提倡宣導團體馬上付諸行動。

各種服務

俗話說：「求人不如求己！」這句話道出提供障礙家庭兒童服務工作的真諦。服務自己的會員就是地方組織最重要的功能，而地方組織的活動會直接影響會員的家庭成員。地方組織會根據特定團體的需求與期待，加以組織或提供切身有關的服務，例如：托育、手足團體、新知刊物、電話熱線或是其他共同合作的

成果。

　　地方組織若要成功，那麼會員們就必須形成團隊一起工作；也就是說，每個會員在達到共同利益的前提下，負責本身可以做到的目標。擔任行政工作的會員應該引領成員著手進行特定計畫，這些計畫應包含提供符合廣義自閉症定義的個案及其家庭各項服務。每個會員都應重視所有自閉症社群，並且建立起相互呼應的目標。當團體一起工作、設計出符合所有成員所需服務時，那麼，每一個成員都將會有所獲益。

指導方針

　　下面所列的簡要建議對那些想要建立地方組織的人很有幫助：

1. 邀請家長參加非正式、聯誼性的聚會。
2. 同時也邀請地方上從事自閉症兒童工作的教師或專家出席。
3. 讓團體著眼於共同的利益。
4. 利用各種地方媒體廣為宣傳。
5. 發行定期刊物以發布消息、表達意見，並且可能帶來收入。
6. 獲得來自自閉症相關分會或單位的協助。
7. 一開始只要設一個目標，然後慢慢的累進，不要預期太多、太快。
8. 不要害怕收取會員費。
9. 採用標準法規章程。
10. 樂在其中！

自閉症三角資源手冊

　　任何定期聚會的家長團體都會談論有關醫生、各種商店、托育和找保姆之類的事情，以及其他曾經使用過的服務。自閉症兒童的母親們也會討論這些事情，但有一些不同之處：我們試圖將討論內容聚焦在各種適合孩子特殊需求的地方服務。任何一個人帶自閉症孩子到一處並不特別表現耐性，或尊重孩子特殊需求的小兒科醫生診所、鞋店或餐廳時，常容易誘發潛在的重大災難。我們努力尋找最少刺激物出現的雜貨店（超市）、服務最快速的餐廳、最能了解且知識豐富的醫師、對小孩最友善的鞋店、最具彈性的暑期活動……等等。除此之外，自閉症兒童的家長也會認真找尋地方社區上有哪些家庭所需的專業服務，例如：語言治療師、職能治療師、心智精神科醫師、牙醫師、律師、教師、保姆和小兒科醫師。找尋這些服務時，有什麼方法會比透過其他家長的介紹來得更好？

　　教堂小山母親團體是一個由醍趣支持的團體，幾年下來，發現這一種資源交換已成為團體核心的重要一部分。我們當中很多人發現可以幫助孩子的事情，都得感謝那些一同坐在家長團體桌邊提供種種推薦的朋友們。因為搬到我們這地區的自閉症兒童家庭愈來愈多，而且總是有愈來愈多孩子被診斷出為自閉症，於是，我們便開始衡量是否該把這類訊息訴諸正式的形式，這樣一來將對大家更有幫助。同時，就在我們的領導人與教師瑪珂斯博

士（Dr. Lee Marcus）鼓勵之下，我們決定開始著手一個計畫，要將我們對各種服務的推薦內容收集起來並且出版成書。這個出版成書的點子，主要是希望這樣的資料可在孩子初次診斷後，可以很容易地讓人取得，也就像是「內行人手冊」，教導自閉症家長找到地方上的各種服務措施。

這個計畫一開始我們便明確決定提供地方家庭哪些資料，有些特定主題的資源是很重要且必須採用且。此外，我們想要提供大家我們的個人資料，也就是那些寫手冊的母親們的資料。我們覺得把每個成員的個人資料以及自閉症孩子的資料放進去，這樣讀者（初知孩子是自閉症的家長）就會覺得和其他家長心靈相通，而且就會打電話請教對方的支持與資訊。

我們選擇以下的分類綱要作為日後手冊上的目錄索引內容：

專業服務
　　診斷與評估
　　內科與牙科
　　心智精神科
　　語言治療
　　職能與物理治療
　　律師
　　房地產仲介商
教育方案
宣導與支持

代勞服務

團體住家

暑期活動

休閒娛樂

餐館及其他服務

如何開始

閱讀推薦清單

自閉症書店

母親團體的成員介紹

母親團體的成員介紹提供每個母親標準表格，該表格內容包括：

姓名、地址、電話

職業

婚姻狀況、配偶姓名及其職業

所有孩子的姓名、年齡（說明哪位是自閉症）

自閉症孩子的資料

　　就讀學校、班級類型、所屬學區

描述孩子的特殊興趣及能力

自閉症孩子的特殊問題

列出特有用的資源清單

　　這本資源手冊花了兩年的時間完成，它創造出家長與專家合作的模式。母親們負責所有內容撰寫工作，技術人員協助打字排版以及出版，至於編輯工作則是由教堂小山的醒趨中心與北卡羅萊納州自閉症協會合作完成。事實上，瑪珂斯博士曾建議我們以母親團體名義向北卡羅萊納州自閉症協會申請經費，作為出版手冊所需費用的支出。但當我們從雷利（Raleigh）的偉可醫療基金會（Wake Medical Foundation）得到補助款之後，我們便利用那一點錢支付打字及影印的花費。

　　一九九三年《自閉症三角資源手冊》出版時，教堂小山的醒趨中心成功地將此書發送給尋找當地資源與支持的家長們。一九九四年一連串修訂的增頁內容出現在用活頁夾固定的手冊內容裡。

　　資源手冊是家長支持家長的典範以及醒趨部門落實家長與專家合作過程的成果。更重要的，資源手冊是一個家長彼此提供協助與支持的可行作法之具體實例。

　　任何感受到正式分享資源訊息需求的社區家長，都可以創造他們自己的資源手冊，這樣一個計畫不需要有很可觀的預算、專業技術或者是炫麗的包裝，所需要的就只是真誠的強烈意圖，想與因自閉症而有共同點的朋友一起工作，進而創造出讓每個人都獲益的成品。

發展地區資源手冊的步驟

　　編輯資源手冊工作時，媽媽團體發現下列有用的指導方針：

1. 決定想分享給大家的確切內容，並且劃分成各個特定主題。
2. 根據主題指派撰寫者。
3. 建立蒐集個人或家庭簡介資料的標準格式。內容應包括所屬團體、家庭成員以及與自閉症有關的個人資料，依照自閉症各明確的行為分類，陳述目前所面臨的問題（例如：如廁問題、飲食不當、固執行為）。
4. 指派或任用一個會編輯、剪輯、打字以及維持計畫持續運作的總召集人。
5. 向政府單位或其他團體申請經費或獎助金。
6. 固定時間進行腦力激盪、發現各種出版構想。
7. 決定手冊的銷售對象、價格以及發行管道（透過當地醫生、診所、學校、發展中心、地方組織以及與自閉症相關的分會）。
8. 切記所有資料都須隨時更新。出版品本身也可建立這樣的編排形式，如利用三環活頁夾以便內容更動時便於增刪。
9. 樂在其中！

台灣地區資源清單

（譯註：由於台灣地區的資源尚未高度的分化，目前還無法提供如美國般的資源手冊，因此只提供手上可以蒐集到的資訊以供參考。這部分的資料要特別感謝徐麗雪小姐花費了無數的時間與心血蒐集與整理。）

自閉症重要社會團體

機構名稱	電話
中華民國自閉症基金會	(02)27078775　(02)27757589
中華民國自閉症總會	(02)25926928　(02)25918356
台北市自閉症家長協會	(02)25953937　(02)25953786
台北縣自閉症服務協進會	(02)22872304　(02)29849055
桃園縣自閉症協進會	(03)3754263
新竹市自閉症協進會	(03)5735782
台中市自閉症教育協進會	(04)24723219　(04)247158737
台南市自閉症協進會	(06)2288719　(06)2293799
高雄市自閉症協進會	(07)2367763　(07)2387524
屏東縣自閉症協進會	(08)7351024
宜蘭縣自閉症協進會	(03)9356672

醫療諮詢機構參考名單

醫療諮詢機構名稱	電話	醫療諮詢機構名稱	電話
基隆長庚醫院心智科	(02)24313131	花蓮基督教門諾會醫院復健科	(038)227161
省立基隆醫院精神科	(02)24259391	佛教慈濟綜合醫院精神科	(038)561825
淡水馬偕醫院復健科	(02)28094661	省立草屯療養院兒童精神科	(049)323891
省立八里療養院精神科	(02)26101660	省立豐原醫院	(04)25271180
員山榮民醫院	(02)28959808	省立台中醫院	(04)22294411
仁濟醫療院	(02)23060872	台中復健醫院復健科	(04)22393855
省立台北醫院復健科	(02)22765566	台中市靜和醫院	(04)23711129
台北醫學院附設醫院兒童青少年門診	(02)27030080	中國醫藥學院附設醫院精神科	(04)22052121
台北長庚醫院精神科	(02)27135211	沙鹿光田醫院精神科	(04)26625111
台北榮總兒童青少年門診	(02)28757363 (02)28712121	彰化基督教醫院兒童心理衛生門診	(047)225121
台北馬偕醫院復健科、小兒科	(02)25433535	華濟醫院	(05)2373823
台北市立和平醫院青少年精神科	(02)23889595 (02)23712023	福音聯合診所	(05)2223207
台北市立中興醫院復健科	(02)25523234	嘉義基督教醫院	(05)2765041
台北市立忠孝醫院復健科	(02)27861288	天主教聖馬爾定醫院	(05)2756000

〈下頁續〉

〈續上頁〉

台北市立婦幼醫院心智科	(02)23964501	省立台南醫院精神科	(06)2200055
台北市立療養醫院兒童精神科	(02)27263141	台南永康榮民醫院精神科	(06)2365101
台大醫院兒童心理衛生中心	(02)23123456	成大醫院附設醫院復健科	(06)2353535
新光醫院復健科	(02)28332211	新樓醫院小兒精神科、身心內科	(06)2748316
振興醫院復健科	(02)28264400	奇美醫院復健科	(06)2812811
陽明醫院健兒門診	(02)28353456	高雄慈惠醫院兒童精神科	(07)7030315
國泰醫院精神科	(02)27082121	高雄長庚醫院心智科	(07)7317123
國軍818醫院兒童青少年門診	(02)28932743	高雄醫學院附設中和紀念醫院精神科	(07)3121101
三軍總醫院兒童青少年門診	(02)23659055	高雄榮民總醫院精神科	(07)3468274
士林地區青少年心理衛生中心	(02)25864250	高雄市凱旋醫院兒童精神科	(07)7513171
林口長庚醫院心智科	(03)3281200	高雄市立婦幼醫院兒童心智科	(07)3122565
省立桃園醫院復健科	(03)3699721	國軍802總醫院精神科	(07)7495919
省立桃園療養院兒童精神科	(03)3698553	王雅琴診所	(07)3129322
省立宜蘭醫院精神科	(03)9325192	省立屏東醫院精神科	(08)7363011
天主教羅東聖母醫院復健科	(03)9544106	省立台東醫院	(089)324112
羅東博愛醫院	(03)9544131	台東馬偕醫院復健	(089)310150
玉里榮民總醫院	(038)561825		

台北市早期療育醫療服務機構資源

醫院名稱	服務項目	連絡單位	地址	電話
早療評估鑑定中心	1.評估鑑定 2.療育	早療評估鑑定中心	台北市民生東路五段163號之17樓	(02)27680244
台大醫學院附設醫院	1.評估鑑定 2.療育	小兒部	台北市常德街1號	(02)23970800-2233
台北榮民總醫院	1.評估鑑定 2.療育	復健醫學部	台北市石牌路二段201號	(02)28757360
長庚紀念醫院	1.評估鑑定 2.療育	復健科	台北市敦化北路199號	(02)27135211-3436
財團法人國泰紀念醫院	1.評估鑑定 2.療育	社服室	台北市仁愛路四段280號	(02)27082121-1901
台北馬偕紀念醫院	1.評估鑑定 2.療育	社服室	台北市中山北路二段92號	
財團法人基督復臨安息日會台安醫院	1.評估鑑定 2.療育	社服室	台北市八德路二段424號	(02)27718151-2841
振興復健醫院	1.評估鑑定 2.療育	復健科	台北市石牌振興街45號	(02)28264400-3811
台北醫學院附設醫院	1.評估鑑定 2.療育	社會工作室	台北市吳興街252號	(02)27372181-3306
台北市立婦幼綜合醫院	1.評估鑑定 2.療育	兒童心智科	台北市福州街12號	(02)23916470-369
台北市立忠孝醫院	1.評估鑑定 2.療育	復健科	台北市同德路87號	(02)27861288-8061
台北市立仁愛醫院	1.評估鑑定 2.療育	小兒科	台北市仁愛路四段十號	(02)27093600-3401

〈下頁續〉

〈續上頁〉

台北市立陽明醫院	1.評估鑑定 2.療育	復健科	台北市雨聲街 105 號	(02)28353456-5187
台北市立和平醫院	1.評估鑑定 2.療育	精神科	台北市中華路二段 33 號	(02)23811324
台北市立萬芳醫院	1.評估鑑定 2.療育	小兒科	台北市興隆路三段 111 號	(02)29307930-8107
台北市立療養院	1.評估鑑定 2.療育	兒童精神科	台北市松德路 309 號	(02)27263141-1135
潘筱萍復健科	1. 療育	職能治療	台北市復興南路二段 200 號 2 樓	(02)27030080
石牌實和聯合診所	1. 療育	健保人員	台北市文林北路 262 號 1 樓	(02)28273255-303

高雄市早期療育醫療機構

醫院名稱	業務項目	地址	電話
高雄市立婦幼綜合醫院	門診（星期五下午）	高雄市鼓山區中華一路 916 號	(07)3122565
高雄市立凱旋醫院	門診及治療日間住院	高雄市苓雅區凱旋二路 130 號	(07)7513171
私立高雄醫學大學附設中和紀念醫院	門診（星期一、二、三下午及星期六上午）、早期療育鑑定中心	高雄市三民區自由一路 100 號	(07)3121101-6813、6793
國軍左營醫院	門診（星期四晚上、星期五下午）	高雄市左營區軍校路 553 號	(07)5817121 (07)5875938
國軍高雄總醫院	門診（星期一下午、星期三晚上）	高雄市苓雅區中正一路 2 號	(07)7490782 (07)7498951
阮綜合醫院	門診	高雄市苓雅區成功一路 162 號	(07)3351121
徐獨立診所	門診	高雄市苓雅區武慶三路 144 號	(07)7516108
王雅琴診所	門診	高雄市鼓山區中華一路 347 號	(07)3129322
李少明診所	門診	高雄市三民區清興街 32 號	(07)3921615

苗栗縣早期療育單位

機構名稱	服務對象	地址	電話
財團法人苗栗縣私立華嚴啟能中心	智障、自閉症、多重障礙、語言障礙	苗栗縣西湖鄉五湖街 200 之 2 號	(037)911337 911338
財團法人台灣省天主教新竹教區苗栗縣私立聖家啟智中心	智能障礙重度、腦性麻痺、多重障礙極重度	苗栗縣竹南鎮照南里延平路 55 號	(037)475534
財團法人苗栗縣私立幼安殘障教養院	心智障礙極重度、腦性麻痺、多重障礙	苗栗縣頭屋鄉象山村象山路 197 號	(037)250995
財團法人苗栗縣私立廣愛教養院	智障、多重障礙中、重度	苗栗縣大湖鄉民族路 62 號	(037)995787
財團法人苗栗縣私立新苗智能發展中心	智障中、重度、肢障輕度、自閉症、唐氏症、腦性麻痺中、重度	苗栗縣和平路 85 號	(037)335525

台中縣早期療育單位

機構名稱	服務對象	地址	電話
台中縣潭子鄉智障兒童日間托育中心	多重障礙、中、重度智能不足	台中縣潭子鄉中山路二段 241 巷 7 號	(04)5333003
大甲鎮日間智障托育中心	智能障礙中重度	台中縣大甲鎮經國路 51 巷 1 號	(04)6889975
財團法人台中縣私立信望愛智能發展中心	心智障礙、自閉症、多重障礙、腦性麻痺	台中縣豐原市長壽路南一巷 2 號	(04)5252324 (04)5684808 (04)6224674
台中縣殘障綜合福利服務中心	智障、肢障、視障、多重障礙、聽障	台中縣潭子鄉中山路二段 241 巷 7 號	(04)5329369
台中縣發展遲緩兒童早期療育通報暨轉介中心	發展遲緩（障礙）兒童	台中縣沙鹿鎮星河路 615 號	(04)6239593

台中市早期療育單位

機構名稱	服務對象	地址	電話
慈愛殘障教養院台中分院	智障、多重障礙	台中市雷中街25巷20-1號	(04)22962127
千輝教育中心	智障輕度、感覺統合失調、學習障礙	台中市西屯路二段231號	(04)22542133 (04)22592033
財團法人魏吳雙雙啟智紀念文教基金會十方啟能托育中心	唐氏症、自閉症、腦性麻痺、多重障礙（重度）	台中市北屯區東山里橫坑巷77-2號	(04)22391583
瑪利亞文教基金會附設瑪利亞啟智學園	唐氏症、自閉症、情緒困擾、過動兒、多重障礙、腦性麻痺	台中市西區五權七街63巷3號	(04)23716701 (04)23750436 (04)23275537
財團法人台灣省私立向上兒童福利基金會附屬台中育嬰院	腦性麻痺、心智障礙中、重、極重度	台中市西區樂群街134號	(04)23727170
聖心兒童發展中心	智障、聽障中重度	台中市中區光復路136號	(04)22248226
台中家扶中心	智障輕、中度	台中市西屯區甘肅路一段67號	(04)23261234 (04)23271819
伊甸社會福利基金會附設中區服務中心	發展遲緩（障礙）兒童及其家庭、15歲以上成人身心障礙者及其家庭	台中市進化路575號12樓之2	(04)22328222 (04)22330021

南投縣早期療育單位

機構名稱	服務對象	地址	電話
天主教會台中教區附設南投縣私立復活啟智中心	智障（含肢障）、自閉症、語障、多重障礙（重度、極重度）	南投縣埔里鎮中正路41號	(049)925520
省立南投啟智教養院	智障中、重度、多重障礙	南投縣草屯鎮中正路1776巷16號	(049)314113-29
財團法人南投縣私立憫惠教養院	智障（輕、中、重度）、多重障礙	南投縣名間鄉埔中村埔中巷20-14號	(049)582250

彰化縣早期療育單位

機構名稱	服務對象	地址	電話
財團法人天主教會台中教區附設彰化縣私立聖母聖心啟智中心	多重障礙、腦性麻痺、智障重度、極重度	彰化縣鹿港鎮鹿草路三段 513 巷 4 號	(047)712743
財團法人天主教台灣省私立慈愛殘障教養院	心智障礙、腦性麻痺、多重障礙、肢體殘障	彰化市大埔路 676 號	(047)224891 (047)251525 (047)248679
財團法人中華兒童福利基金會附設彰化家扶啟智學園	智障中、重度、極重度、語言障礙、行為障礙	彰化縣和美鎮彰美路五段 160 號	(047)569336
財團法人天主教會台中教區附設彰化縣私立聖家啟智中心	心智障礙、多重障礙、腦性麻痺	本部：彰化縣大村鄉茄苳路一段 144 號 分部：彰化縣員林鎮民生路 50 號	(048)525594 (048)329749
聖智啟智中心	心智障礙、多重障礙重度、極重度	彰化縣溪州鄉中山路三段 512 號	(048)893730
財團法人彰化縣私立基督教喜樂保育院	智障、肢障、多障重度、極重度	彰化縣二林鎮二城路 7 號	(048)960271
財團法人彰化縣私立慈生仁愛院	智障、多重障礙中、重、極重度	彰化市中正路一段 226 巷 2 弄 74 號	(047)222735
通報中心（彰化縣政府社會科）轉介中心（彰化家扶中心）		彰化市中山路二段 416 號 彰化縣和美鎮彰美路五段 160 號	(047)263650 (047)569336

雲林縣早期療育單位

機構名稱	服務對象	地址	電話
財團法人雲林縣私立信義育幼院附設智能不足者日托中心	智障、多重障礙、自閉症中度、極重度	雲林縣西螺鎮光復東路 51 巷 1 號	(05)5863194
雲林教養院	智能不足、多重障礙中、重度	雲林縣斗南鎮忠孝路 157 號	(05)5861680 (05)5972452

嘉義市早期療育單位

機構名稱	地址	電話
私立嘉愛啟能中心	嘉義市西區錦州二街 36 號	(05)2351534

台南市早期療育單位

機構名稱	地址	電話
財團法人台南市私立天主教瑞復益智中心	台南市安平區漁光路 134 號	(06)3911531
台南市社會福利綜合大樓	台南市中華西路二段 315 號	(06)2999381 (06)2999391

台南縣早期療育單位

機構名稱	服務項目	服務對象	地址	電話
台南縣北區嬰幼兒發展中心	1.早期療育 2.日間托育 3.居家服務 4.臨時托育	1.0至3歲發展遲緩及身心障礙嬰幼兒 2.3至6歲發展遲緩及身心障礙幼兒 3.6歲以下領有身心障礙手冊且未於任何社會福建機構就養之幼兒 4.0至6歲發展遲緩及身心障礙嬰幼兒	台南縣學甲鎮華宗路517號	(06)7830456

・台南縣北區嬰幼兒發展中心乃由台南縣政府委託「財團法人天主教伯利恆文教基金會」辦理

高雄縣早期療育單位

機構名稱	服務項目	地址	電話
高雄縣鳳山區兒童早期療育發展中心	1. 學前特教 2. 學前教育 3. 到宅療育服務	高雄縣鳳山市體育路 65 號	(07)7422971
高雄縣旗山區兒童早期療育發展中心	1. 發展遲緩幼兒家庭社區服務 2. 早期療育服務 3. 入學轉銜服務 4. 綜合服務	高雄縣旗山鎮中學路 42 號	(07)6618106
高雄縣殘障福利服務中心	1. 日間托育 2. 早期療育個別計畫 3. 親職講座 4. 父母成長團體 5. 親子互動團體	高雄縣岡山鎮公園東路 131 號	(07)6226730

屏東縣早期療育單位

機構名稱	地址	電話
基督教伯大尼之家	屏東縣仁義里 16-6 號	(08)7367264

宜蘭縣早期療育單位

機構名稱	服務項目	地址	電話
財團法人天主教靈醫會聖嘉民啟智中心	重殘養護、學前班、職訓、早期療育轉介中心	宜蘭縣冬山鄉丸山村丸山路 98-2 號	(03)9582312

身心障礙福利服務機構團體

全省各地殘障福利服務中心

中心名稱	服務對象	地址	電話
台北市殘障福利服務中心	設籍台北市領有身心障礙手冊者	台北市民生東路五段 163-1 號 2 樓	(02)27621608 (02)27611609
台北縣殘障福利服務中心	設籍台北縣領有身心障礙手冊者	板橋市中正路10號 3 樓	(02)29688067 (02)29688068
台中縣殘障福利服務中心	設籍台中縣領有身心障礙手冊者	台中縣潭子鄉中山路二段 241 巷	(04)25329269 (04)25329349
嘉義市殘障福利服務中心	設籍嘉義市領有身心障礙手冊者	嘉義市錦州二街 36 號	(05)2859043 (05)2858927
高雄縣殘障福利服務中心	設籍高雄縣領有身心障礙手冊者	高雄縣岡山鎮公園東路 131 號	(07)6226730
高雄市殘障福利服務中心	設籍高雄市領有身心障礙手冊者	高雄市前鎮區翠亨北路 392 號	(07)8151500

台北市

機構名稱	服務對象	地址	電話
台北市陽明教養院（華岡、永福院區）	三至十八歲中、重度智障者及多重障礙者	台北市莊頂路2號（永福）台北市凱旋路61巷4弄9號	(02)28611380 (02)28611381 (02)28611382
台北市政府社會局委託財團法人第一社會福利基金會辦理博愛兒童發展中心	學齡前及十五歲以上中、重、極重度智障、多障者	台北市江南街43號4樓	(02)27987319 (02)27976606
台北市政府社會局委託財團法人第一社會福利基金會辦理崇愛發展中心	十五歲以上中、重、極重度智障、多障者	中和市圓通路143-1號	(02)22470360
台北市政府社會局委託財團法人心路文教基金會辦理心愛兒童發展中心	學齡前中、重、極重度智障、多障者	台北市長安東路一段87號	(02)25362412
台北市政府社會局委託財團法人中華啟能基金會辦理古亭啟能中心	十五歲以上中、重、極重度智障、多障者	台北市汀州街三段72號	(02)23679230 (02)23679231
台北市政府社會局委託財團法人天主教光仁文教基金會辦理龍山啟能中心	十五歲以上中、重、極重度智障、多障者	台北市梧州街36號4樓	(02)23366436
台北市政府社會局委託台北市智障者家長協會辦理弘愛殘障服務中心	十五歲以上中、重、極重度智障、多障者	台北市濟南路二段46號4樓	(02)23937655

〈下頁續〉

〈續上頁〉

台北市政府社會局委託中華民國自閉症基金會辦理弘愛自閉症復健及職訓中心	中、重、極重度自閉症者	台北市濟南路二段 46 號 4 樓	(02)23223398 (02)7557589
台北市政府社會局委託台北市育成殘障福利基金會辦理鵬程重殘養護中心	中、重極重度智障、肢障及合併肢、智障之多重障礙者	台北市健康路 399 號 6 樓	(02)27606277
台北市政府社會局委託台北市育成殘障福利基金會辦理城中啟智中心暨自強商店	學齡前及中、重、極重度智障、多重障礙者	台北市汀州路二段 172 號	(02)23643636 (02)23643637
台北市私立第一兒童發展中心	三歲以上智障、多障及情緒困擾者	台北市信義路五段 150 巷 342 弄 17 號之 7	(02)27209236 (02)27224136
台北市私立心路社區家園	十八歲以上可自行活動之中重度智障者	台北市福興路 63 巷 4 弄 29 號	(02)29321015
台北市私立育仁啟智中心	三至十五歲輕、中、重度智能障礙者	台北市興寧街 41 號 4 樓	(02)23082863
台北市私立育仁啟能中心	十六歲至二十五歲輕、中度智能障礙者	台北市柳州街 41 號 4 樓	(02)23821090 (02)23110463
台北市私立佳音兒童發展中心	零至十五歲身心障礙兒童	台北市新生北路三段 84 巷 9 號 1 樓	(02)25853748
台北市私立育成和平發展中心	十五歲以上中、重度心智障礙者	台北市臥龍街 280 號	(02)23776443

〈下頁續〉

〈續上頁〉

台北市智障者家長協會	智障、多重障礙	台北市復興南路二段 156 號 2 樓	(02)27555690
台北市心智障礙者關愛協會	心智障礙者	台北市新生南路一段 144 號 3 樓	(02)23514022-3
台北市啟智協進會	智能障礙	台北市公館路 209 巷 18 號	(02)28912563
台北市身心障礙服務推展協會		台北市萬大路 437 號 3 樓	(02)23037629 (02)23055423
台北市自閉症教育協進會	自閉症及自閉症之家庭	台北市新生北路三段 68 巷 43-10 號 3 樓	(02)25953937
財團法人台北市劉氏社會福利事業基金會	學習障礙、自閉症、腦性麻痺、唐氏症	台北市仁愛路二段 34 號 2 樓	(02)3932072 (02)3938584

高雄市

機構名稱	地址	電話
高雄市啟智協會	高雄市五福三路 149 號之 1705 室	(07)2151983
高雄市自閉症協進會	高雄市中正三路 28 號 9 樓	(07)2247763
高雄市智障者福利促進會（智障兒童圖書館）	高雄市大順二路 383 號 4 樓	(07)3874072 (07)3874073
財團法人心路文教基金會高雄服務處	高雄市中山橫路 42 號 2 樓	(07)2413119
財團法人高雄市喜憨兒文教基金會	高雄市大順二路 365 號	(07)3874072 (07)3874073
中華民國殘障聯盟（南區聯絡處）	高雄郵政第 69191 號信箱	(07)5872475
財團法人伊甸社會福利基金會高雄市事務所	高雄市中華一路 67 號	(07)5878265 (07)5834304

台北縣

機構名稱	地址	電話
台北縣智障福利協進會	板橋市大同街21巷15號1樓（協會） 中和市秀朗路三段 128 巷 10 號（工作站）	(02)22559771 (02)29540279
台北縣板橋市關懷心智障礙者協會	板橋市三民路二段正隆巷47號	(02)29584580
台北縣自閉症服務協進會	台北縣五股鄉民義路一段 255 號	(02)82958158
聖心智障日托中心	三重市溪尾街73號	(02)29828424
自閉症潛能發展中心	三重市溪尾街73號	(02)29849055
台北縣身心障礙者福利促進協會	板橋市文化路一段 196 號 6 樓	(02)22576151
心路洗車中心	台北縣新店市民權路 5-2 號	(02)29156786
私立春暉啟能中心	三重市重新路四段 184 巷 25 弄 19 號	(02)29763906 (02)29774848
中和兒童發展中心	中和市中山路二段64巷7弄21號	(02)22498492
私立崇愛發展中心	中和市圓通路143-1 號	(02)22460820
台北縣八里愛心教養院	台北縣三峽鎮文化路 155 號	(02)26377840
台北縣私立樂山療養院	台北縣八里鄉長坑村長坑口 21 號	(02)26102415 (02)26102013
台北縣私立明新啟智中心	中和市圓通路296 巷 33 弄 1 號	(02)22473769
三重市立厚德兒童特殊教育發展中心	三重市自強路二段 93 號地下室	(02)29872188

桃園縣

機構名稱	服務對象	地址	電話
財團法人台灣省私立八德殘障教養院	中重度智障、多重障礙	桃園縣八德市福興里建國路 38 號	(03)3685385
財團法人台灣省私立八德殘障教養院茄苳溪分院	重度、極重度智能不足	桃園縣八德市永豐路 105 號	(03)3615530
財團法人台灣省私立啟智技藝訓練中心	中重度智障者	桃園縣中壢市忠福里育英路 77 號	(03)422636 (03)452864
財團法人台灣省私立景仁殘障教養院	中重度智障、腦性麻痺、重度極重度癱瘓及多重殘障	桃園縣八德市霄裡里長興路 850 號	(03)3683838
財團法人桃園縣私立天使啟智日間托育中心	智障、多重障礙	桃園縣八德市同和路 1 號	(03)3675235
財團法人桃園縣私立心燈啟智教養院	中重度智障及多重障礙者	桃園縣平鎮市東勢里 12 鄰 191-1 號	(03)4508432
財團法人桃園縣私立瑞園啟智教養院	中、重度智能不足及多重障礙	桃園縣平鎮市平鎮里 45 鄰 290-3 號	(03)4392558
財團法人桃園縣私立奇恩身心障礙服務中心	中重度、極重度智障者、多重障礙	桃園縣大溪鎮慈湖路 119 巷 16 號	(03)3900361
財團法人桃園縣私立路得啟智學園	智障	桃園縣八德市桃德路 166 巷 12、14 號	(03)3670253

〈下頁續〉

〈續上頁〉

財團法人桃園縣私立方舟啟智教養院	智能障礙、自閉症、唐氏症、多重障礙	桃園縣大園鄉果林村 9 鄰崁下 45-19 號	(03)3939572
財團法人桃園縣私立安康啟智教養院	中度、重度、極重度智能障礙、多重障礙	桃園縣平鎮市新勢里新榮路 43 號	(03)4945488
財團法人桃園縣私立華林啟智中心	中、重、極重度之身心障礙者	桃園縣龍潭鄉九龍村國聯街 144 號	(03)4799855
財團法人桃園縣私立兆陽殘障教養院	所有身心障礙	桃園縣中壢市五權里 21 鄰中正路 571 巷 6 弄 7 號	(03)4953181
財團法人桃園縣私立桃園縣私立仁安啟智教養院	6 至 30 歲之智能障礙	桃園縣中壢市龍昌里 1 鄰龍昌路 346-20 號	(03)4662424 (03)4655516
財團法人桃園縣私立庭芳啟智教養院	重度殘障	桃園縣平鎮市金陵路 238 巷 9 號	(03)4571331
財團法人桃園縣私立嘉惠啟智教養院	智障、多重障礙、自閉症……等	桃園縣大溪鎮瑞源里 6 鄰番子寮 22-6 號	(03)3891874

新竹縣

機構名稱	服務對象	地址	電話
新竹縣私立天主教華光啟能發展中心	中、重、極重度智障者	新竹縣關西鎮正義路 126 號	(03)5874690 (03)5877816

花蓮縣

機構名稱	服務對象	地址	電話
畢士大教養院	腦性麻痺、多重障礙、自閉症、智障	花蓮市民權八街 1 號	(03)8223908
黎明教養院	中、重度智障	花蓮市民權路 2-2 號	(03)8321220
安德啟智中心	中重度智能不足、多重障礙、腦性麻痺、情勢困擾	花蓮縣玉里鎮博愛街 37-1 號	(03)8886218
美崙啟能發展中心	智障者	花蓮縣吉安鄉吉安村吉興街 296 號	(03)8529175
身心障礙福利服務中心	重度殘障	花蓮市順興路 3 號	(03)8227083
智障福利協進會	智障	花蓮縣吉安鄉吉安村吉興街 296 號	(03)8529175

台東縣

機構名稱	地址	電話
財團法人台東縣私立牧心智能發展中心	台東市新生路 552-1 號	(089)332907

特殊教育輔導機構

全省特殊教育輔導機構

機構名稱	地址	電話
國立台灣師範大學特殊教育中心	台北市和平東路一段 162 號	(02)23661155
國立彰化師範大學特殊教育中心	彰化市白沙山莊進德路 7 號	(047)255802
台北市立師範學院特殊教育中心	台北市愛國西路 1 號	(02)23896215
國立台北師範學院特殊教育中心	台北市和平東路二段 134 號	(02)27366755
國立新竹師範學院特殊教育中心	新竹市南大路 521 號	(03)5257055
國立台中師範學院特殊教育中心	台中市民生路 140 號	(04)22294765
國立嘉義師範學院特殊教育中心	嘉義縣民雄鄉文隆村 85 號	(05)2263645
國立台南師範學院特殊教育中心	台南市樹林街二段 33 號	(06)2206191
國立高雄師範大學特殊教育中心	高雄市和平一路 116 號	(07)7132391
國立屏東師範學院特殊教育中心	屏東市林森路 1 號	(08)7224345
國立花蓮師範學院特殊教育中心	花蓮市華西街 123 號	(038)227647
國立台東師範學院特殊教育中心	台東市中華路一段 684 號	(089)327338

台灣省特殊教育學校暨高中職身心障礙特教班

校名	地址	電話
台北市立啟智學校	台北市士林區忠誠路二段 207 巷 3 號	(02)28732335 (02)28732363
台北市立文山特殊學校	台北市文山區秀明路 169 號	(02)86615183
台北市立啟聰學校	台北市重慶北路三段 320 號	(02)25924446
高雄市立啟智學校	高雄市苓雅區樂仁路 23 巷 11 號	(07)2231177 (07)2235940
高雄市立成功啟智學校	高雄市苓雅區華新街 59 號	(07)3304624
高雄市立楠梓特殊學校	高雄市楠梓區德民路 211 號	(07)3641359
國立林口啟智學校	台北縣林口鄉文化北路 303 號	(02)26006768
國立桃園啟智學校	桃園市德壽街 10 號	(03)3647099
國立彰化啟智學校	彰化縣社頭鄉中山路一段 306 號	(048)727303
國立嘉義啟智學校	嘉義市大同路 100-1 號	(05)2858549 (05) 2856153 (05)2856183
國立台南啟智學校	台南市安南區長和街二段 74 號	(06)2464591 (06)2565274
高雄市立啟智學校	高雄市苓雅區樂仁路 23 巷 11 號	(07)2231177 (07)2235940
高雄市立成功啟智學校	高雄市苓雅區華新街 59 號	(07)3304624
高雄市立楠梓特殊學校	高雄市楠梓區德民路 211 號	(07)3641359
高雄私立啟英學校	高雄市左營區菜公路 149 號	(07)5819791
國立花蓮啟智學校	花蓮市府後路 2 號	(038)233775 (038)233776

國立台中啟聰學校	台中市西屯區協和里安和路1號	(04)23589577
國立台南啟聰學校	台南市北門路一段 109 號	(06)2222936
國立台中啟明學校	台中縣后里鄉廣福村三豐路 72 號	(04)25562126
國立彰化仁愛實驗學校	彰化縣和美鎮鹿和路六段 511 號	(047)552009
私立惠明學校	台中縣大雅鄉雅潭路 280 號	(04)25661024
國立宜蘭特殊教育學校籌備處	宜蘭縣羅東鎮中山西路 36 號	(039)518673
國立基隆特殊教育學校	基隆市暖暖區八堵里源遠路 20 號	(02)24587020
國立苗栗特殊教育學校籌備處	苗栗縣大湖鄉大寮村竹高尾 68 號	(037)994748
國立台中特殊教育學校	台中市寧夏路 240 號 3 樓	(04)23115086
國立雲林特殊教育學校籌備處	雲林縣虎尾鎮光復路 222 號	(05)6338836
雲林縣私立大德工商	雲林縣斗南鎮大同路 400 號	(05)5970977
台北縣私立能仁家商	新店市文中路 53 巷 10 號	(02)29113463
桃園縣私立成功工商	桃園縣龜山鄉中興村下山腳 23 號	(03)3294187
桃園縣私立清華工家	桃園縣新屋鄉中華路 658 號	(03)3699342
桃園縣私立方曙工家	桃園縣龍潭鄉上林村中原路 50 號	(03)4796345
新竹縣私立世界工家	新竹市東區光復路一段 257 號	(035)783271
嘉義縣私立嘉南綜合高中	嘉義縣東石鄉蓏松村湖底路 1 號	(05)3703588

屏東縣私立華洲工家	屏東縣屏東市歸仁路 63 巷 99 號	(08)7521516
國立頭城家商	宜蘭縣頭城鎮新興路 111 號	(039)771131
國立花蓮高農	花蓮縣花蓮市建國街 141 號	(038)322056
國立台東農工	台東縣台東市正氣北路 889 號	(08)9227320
國立海山高工	台北縣土城市學府路一段 241 號	(02)22612483
國立桃園農工	桃園市成功路二段 144 號	(03)3333921
國立新竹高工	新竹市東區中華路二段 2 號	(035)322175
國立關西高農	新竹縣關西鎮東安里中山東路 2 號	(035)872049
國立苗栗農工	苗栗縣苗栗市玉維路 286 號	(037)992216
國立台中高農	台中市東區台中路 283 號	(04)22810010
國立大甲高工	台中縣大甲鎮頂店里開元路 71 號	(04)26874132
國立彰化高商	彰化縣彰化市華陽里南郭路一段 326 號	(047)225102
國立員林家商	彰化縣員林鎮中正路 56 號	(048)360105
國立草屯商工	南投縣草屯鎮中正路 574 號	(049)332082
國立虎尾農工	雲林縣虎尾鎮公安里博愛路 63 巷 2 號	(05)6336863
國立嘉義家職	嘉義市東區市宅街 57 號	(05)2270849
國立民雄農工	嘉義縣民雄鄉文隆路 81 號	(05)2267121
國立北門農工	台南縣佳里鎮六安里 117 號	(06)7222148
國立曾文農工	台南縣麻豆鎮南勢里 1 號	(06)5722079
國立鳳山商工	高雄縣鳳山市文橫路 51 號	(07)7462602
國立佳冬高農	屏東縣佳冬鄉佳冬村佳和路 2	(08)8662726

國立北港農工	雲林縣北港鎮太平路 80 號	(05)3832246
國立澎湖水產	澎湖縣馬公市民族路 63 號	(06)9301101
國立台中高工	台中市南區工學路 5 號	(04)22613158
國立仁愛高農	南投縣仁愛鄉大同村山農巷 27 號	(049)802619
國立三重商工	台北縣三重市中正北路 163 號	(02)29718545
國立淡水商工	台北縣淡水鎮商工路 307 號	(02)26228611
苗栗縣私立龍德家商	苗栗縣苑裡鎮南房 75 之 1 號	(037)852732
國立台南高商	台南市南區健康路一段 327 號	(06)2617123
高雄縣私立中山工商	高雄縣大寮鄉會社村正氣路 97 號	(07)7815311
國立台中一中	台中市北區育才街 2 號 2 樓	(04)22226081
國立台中二中	台中市北區英士路 27 號	(04)22021521
國立台中文華高中	台中市西屯區寧夏路 240 號	(04)23224314
台中縣私立明道高中	台中縣烏日鄉中山路一段 497 號	(04)23372101
國立二林工商	彰化縣二林鎮豐田里斗苑路四段 500 號	(048)962132
彰化縣私立達德商工	彰化縣田中鎮中南路二段 277 號	(048)752161
國立潮州高中	屏東縣潮洲鎮中山路 11 號	(08)7881688
國立台東高商	台東縣台東市正氣路 440 號	(08)9322863
國立竹山高中	南投縣竹山鎮下橫街 253 號	(049)642563
國立岡山農工	高雄縣岡山鎮壽天里岡山路 533 號	(07)6217129

啟智幼稚班

台北市

學校名稱	地址	電話
南海幼稚園附設啟智幼稚班	台北市萬華區西藏路 424號	(02)23022984
文林國小附設啟智幼稚園	台北市北投區文林北路155 號	(02)28346634
景美國小附設啟智幼稚園	台北市文山區景文路 108號	(02)29351570
台北市立師院實小附設啟智幼稚園	台北市中正區公園路 29-1號	(02)23712925
松山國小附設啟智幼稚園	台北市松山區八德路四段746 號	(02)27672907
螢橋國小附設啟智幼稚班	台北市中正區詔安街29號	(02)23016813
蓬萊國小附設啟智幼稚班	台北市大同區寧夏路35號	(02)25597744
吉林國小附設啟智幼稚班	台北市中山區長春路 116號	(02)25415962
內湖國小附設啟智幼稚班	台北市內湖區內湖路二段41 號	(02)27970237
社子國小附設啟智幼稚班	台北市士林區延平北路六段 308 號	(02)28126195

台灣省

學校名稱	地址	電話
仁愛國民小學附設幼稚園	基隆市仁愛區仁二路 139 號	(02)24294058
安樂國民小學附設幼稚園	基隆市安一路177巷23號	(02)24220814
網溪國民小學附設幼稚園	台北縣永和市竹林路 79 號	(02)29288052 (02)29220416
東門國民小學附設幼稚園	桃園市東國街 14 號	(03)3377797
竹北國民小學附設幼稚園	新竹縣竹北市中正西路 17 號	(03)5552047
信勢國民小學附設幼稚園	新竹縣湖口鄉成功路 360 號	(03)5992133
竹東幼稚園	新竹縣竹東鎮中興路二段 445 號	(03)5955223
潭子國民小學附設幼稚園	台中縣潭子鄉中山路二段 435 號	(04)25324610
豐原國民小學附設幼稚園	台中縣豐原市新生北路 155 號	(04)25222066
好修國民小學附設幼稚園	彰化縣埔鹽鄉好修村員鹿路 49 號	(04)28653555
光華國民小學附設幼稚園	南投市光華四路 2 號	(049)332549
草屯國民小學附設幼稚園	南投縣草屯鎮玉屏路 210 號	(049)362007
雲林國民小學附設幼稚園	南投縣竹山鎮育德巷40號	(049)653995
水里國民小學附設幼稚園	南投縣水里鄉南光村民族街 61 號	(049)770014
南光國民小學附設幼稚園	南投縣埔里鎮中正路 251 號	(049)901041

〈下頁續〉

〈續上頁〉

新民國民小學附設幼稚園	台南縣新營市進修路 9 號	(06)6562152
永康國民小學附設幼稚園	台南縣永康市中山路 637 號	(06)2324462
西門國民小學附設幼稚園	台南市古堡街 87 號	(06)2267131
黎明國民小學附設幼稚園	宜蘭市校舍路 1 號	(039)383792
明禮國民小學附設幼稚園	花蓮市明禮路 60 號	(038)322353
明恥國民小學附設幼稚園	花蓮市中興路 41 號	(038)222231
玉里國民小學附設幼稚園	花蓮縣玉里鎮博愛路 37-1 號	(038)886218
寶桑國民小學附設幼稚園	台東市博愛路寶桑里 134 號	(089)322807

高雄市自閉症資源班

校名	地址	電話
瑞豐國小	高雄市前鎮區瑞隆路 100 號	(07)7110846-38
博愛國小	高雄市三民區十全一路 202 號	(07)3235491
民族國小	高雄市三民區平等路 197 號	(07)3860526
內惟國小	高雄市鼓山區內惟路 73 號	(07)5515405-19
大仁國中	高雄市苓雅區建國一路 148 號	(07)7114302-41

台灣省自閉症班

校名	地址	電話
省立台中啟聰學校	台中市西屯區協和里安和路 1 號	(04)23589577
台中市育英國中	台中市東區育英路 30 號	(04)22115313-111
台南市延平國中	台南市公園路 750 號	(06)2521368
台南市永福國小	台南市中區永福路二段 86 號	(06)2284785
屏東縣和平國小	屏東市華正路 80 號	(08)7364440

八十八年度台灣地區辦理身心障礙者職業訓練
行政院勞工委員會職業訓練局委託辦理訓練機構暨職類

台北縣

訓練機構	職類	受訓障礙對象	地址	電話
財團法人中華啟能基金會附設春暉啟能中心	1.成衣製作（初級、進階） 2.農藝 3.餐飲服務	智障	三重市重新路四段 184 巷 25 弄 19 號	(02)29763906
財團法人台北縣私立真光教養院	1.食品烘培 2.園藝 3.飾物製作 4.汽車清潔維護	智障	台北縣新店市永平街 20 號	(02)29435961 (02)29409488
台北縣自閉症服務協進會	1.休閒鞋製作 2.休閒服製作	智障、自閉症	台北縣五股鄉民義路一段 255 號	(02)82958157 (02)82958158

台北市

訓練機構	職類	受訓障礙對象	地址	電話
財團法人台北市私立伊甸社會福利基金會附設台北市八德服務中心（含萬芳）	1.電腦 2.水耕栽培 3.中文電腦排版 4.電腦繪圖 5.美工設計 6.電腦文書	視、智、肢、顏面、重器、精障	台北市光復北路60巷9之6號 台北市萬美街一段53號	(02)22395646 (02)25773868-220 （報名用） (02)22395620 (02)22395621
台北市第一兒童發展中心（含博愛、崇愛）	1.餐飲服務 2.清潔服務	智障	台北市信義路五段150巷342弄17號之7	(02)27224136 (02)27209236
財團法人天主教光仁文教基金會附設台北市私立育仁啟能中心	1.抹布製作 2.編織	智障	台北市柳州街41號4樓	(02)23821090

桃園市

訓練機構	職類	受訓障礙對象	地址	電話
財團法人台灣省私立啟智技藝訓練中心	1.寢具製作 2.超商服務 3.食品烘培 4.電腦零件製作 5.有機蔬菜栽培 6.花卉園藝	智障	中壢市新生路165號	(03)4525864 (03)4222636 (03)4257752

新竹縣

訓練機構	職類	受訓障礙對象	地址	電話
財團法人台灣省私立香園紀念教養院（含分院）	1.食品烘焙 2.縫紉 3.洗衣	智障	新竹縣湖口鄉中正路三段116號	(03)5690951 (03)5690952 (03)5690953
財團法人天主教華光智能發展中心	1.烹飪 2.農牧 3.木工	智障	新竹縣關西鎮正義路126號	(03)5874690 (03)5877816

新竹市

訓練機構	職類	受訓障礙對象	地址	電話
財團法人新竹市私立天主教仁愛啟智中心	1.紙器加工及包裝 2.食品加工及包裝	智障	新竹市水源路81號	(03)5711833 (03)5722382

台中縣

訓練機構	職類	受訓障礙對象	地址	電話
財團法人台中縣私立信望愛智能發展中心	汽車清潔維護	智障	豐原市長壽路南一巷2號	(04)25252324

台中市

訓練機構	職類	受訓障礙對象	地址	電話
財團法人天主教台中教區附設立達啟能中心	1.餐飲服務 2.清潔服務 3.抹布製作	智障	台中市衛道路185號	(04)22056179

彰化市

訓練機構	職類	受訓障礙對象	地址	電話
財團法人天主教台灣省私立慈愛殘障教養院	1.環境維護 2.汽車清潔維護 3.超商服務	智障	彰化市大埔路676號	(047)224891 (047)251525

台南市

訓練機構	職類	受訓障礙對象	地址	電話
財團法人台灣省私立鴻佳殘障庇護中心	電子零件製作	智障	台南市新和路9號	(06)2653811 (06)2653812
財團法人台南市私立天主教瑞復益智中心	環境維護	智障	台南市安平區漁光路134號	(06)3911531 (06)3911533

高雄市

訓練機構	職類	受訓障礙對象	地址	電話
財團法人喜憨兒文教基金會附設社區照顧中心──玫瑰園	食品烘培	智障	高雄市三民區大順二路365號	(07)3874072 (07)3874073

高雄縣

訓練機構	職類	受訓障礙對象	地址	電話
高雄市私立紅十字育幼中心	1.陶瓷 2.洗衣 3.食品烘焙 4.飾物製作 5.環境維護	智障	高雄縣鳳山市瑞光街 81 號	(07)7019476 (07)7013604

屏東市

訓練機構	職類	受訓障礙對象	地址	電話
財團法人屏東縣私立基督教伯大尼之家	1.汽車清潔維護 2.電器零件加工 3.農牧	智障	屏東市仁義里 16 之 6 號	(08)7367264 (08)7367813
財團法人屏東縣私立基督教之家	餐飲服務	智障	屏東市大連路 19 號	(08)7366294

花蓮縣

訓練機構	職類	受訓障礙對象	地址	電話
台灣省立花蓮啟智學校	綜合訓練（洗車、清潔、陶瓷、家政）	智障	花蓮縣吉安鄉中山路二段2號	(038)544225-202

澎湖縣

訓練機構	職類	受訓障礙對象	地址	電話
財團法人天主教澎湖教區附設惠民啟智中心	1.陶瓷 2.紋石加工	智障	澎湖縣馬公市六合路41巷3號	(06)9261790

台灣省政府勞工處委託辦理訓練機構暨職類

訓練機構	職類	受訓障礙對象	地址	電話
財團法人中華啟能基金會附設春暉啟能中心	農藝栽培	智障	台北縣三重市重新路四段184巷25弄19號	(02)29763906
財團法人天主教台中教區附設立達啟能中心	玩具製作	智障	台中市衛道路185號	(04)22056179
財團法人台灣省私立鴻佳殘障庇護中心	電子零件製作	智障	台南市新和路9號	(06)2653811
財團法人苗栗縣私立幼安殘障教養院	烘焙食品	智障	苗栗縣頭屋鄉象山村象山路197號	(037)250995
臺灣基督長老教會殘障關懷中心承辦高雄縣殘障福利服務中心	1.按摩 2.糕餅烘焙 3.洗車服務	視障 智障 顏面傷殘	高雄縣岡山鎮公園東路131號	(07)6226730

高雄市政府勞工局辦理訓練機構暨職類

訓練機構	職類	受訓障礙對象	地址	電話
高雄市政府勞工局博愛職業技能訓練中心	綜合事務	智障	高雄市三民區中華二路341巷27號	(07)3214033-326

台北市政府勞工局身心障礙者就業基金專戶補助

訓練機構	職類	受訓障礙對象	地址	電話
中華民國自閉症總會	園藝、花藝	自閉症者、身心障礙者	台北市新生北路三段 68 巷 43-8 號 1 樓	(02)25926928 (02)25918356
台北市自閉症教育協進會	電腦	自閉症者、身心障礙者	台北市新生北路三段 68 巷 43-10 號 3 樓	(02)25953937
育仁啟能中心	陶藝、烹飪	智障者	台北市柳州街 41 號 4 樓	(02)23821090
恆愛發展中心	餐飲服務、中西點製作、清潔服務、代工製作	智障者	台北市信義區松隆路 36 號 6 樓	(02)27584320
博愛兒童發展中心	餐飲服務、清潔服務	智障者	台北市內湖區江南街 43 號 4 樓	(02)27584320
龍山啟能中心	包裝及清潔工具製作	智障者	台北市梧州街 36 號 4 樓	(02)27652947
鵬程重殘養護中心	園藝栽培	智障者	台北市健康路 399 號 6 樓	(02)27606277

其他

高雄市職業訓練及就業輔導機構

機構名稱	辦理事項	地址	電話
博愛職業技能訓練中心	1.身心障礙者職業訓練 2.提供自閉症者及重度智障者庇護工廠	高雄市三民區中華二路341巷27號	(07)3214033
訓練就業中心	就業輔導	高雄市前鎮區鎮中路6號	(07)8220790
高雄市自閉症協進會	1.家庭支持網 2.支持性就業服務	高雄市新興區中正三路28號9樓	(07)2247763

參考書目

下列所有書籍都可在北卡羅萊納州自閉症協會取得，需訂購時，請洽吉米‧派森（Jim Person）先生，聯絡電話 1-919-517-8555 或者利用傳真 1-919-571-7800

小說類

Family Pictures by Sue Miller

Inside Out (1984) by Ann M. Martin

Joey and Sam (1993) by Illana Katz and Edward Ritvo

Kristy and the Secret of Susan (1990) by Ann M. Martin

非小說類

The "A" Book: A Collection of Writings from The Advocate (1992, revised)

Activities for Developing Pre-Skill Concepts in Children with Autism (1987) by Toni Flowers

After the Tears (1987) by Robin Simons

The Artistic Autistic (1992) by Toni Flowers

Aspects of Autism: Biological Research (1988), edited by Lorna Wing

Autism (1992) by Richard L. Simpson and Paul Zionts

Autism and Asperger Syndrome (1991) by Uta Frith

Autism Primer: Twenty Questions and Answers by the Autism Society of North Carolina (ASNC)

Autism . . . Nature, Diagnosis and Treatment (1989), edited by Geraldine Dawson

Autism: A Practical Guide for Those Who Help Others (1990) by John Gerdtz and Joel Bregman

Autism: Explaining the Enigma (1989) by Uta Frith

Autism: Identification, education, and Treatment (1992), edited by Dianne Berkell

Autism Society of NC Camp Operational Manual (1993) by the Autism Society of North Carolina (ASNC)

Autism Treatment Guide (1993) by Elizabeth K. Gerlach

Autistic Adults at Bittersweet Farms (1991), edited by Norman S. Giddan and Jane J. Giddan

Autistic Children by Lorna Wing

Avoiding Unfortunate Situations by Dennis Debbaudt

Beyond Gentle Teaching by John J. McGee and Frank J. Menolascino

The Biology of the Autistic Syndromes (2nd ed., 1992) by Christopher Gillberg and Mary Coleman

The Boy Who Couldn't Stop Washing: The Experience and Treatment of Obsessive-Compulsive Disorder (1989) by Judith Rapaport

Brothers and Sisters: A Special Part of Exceptional Families (2nd ed., 1993) by Thomas H. Powell and Peggy Arenhold Ogle

Brothers, Sisters and Special Needs (1990) by Debra J. Lobato

Case Studies in Autism (1990) by Cheryl D. Seifert

Children Apart (1974) by Lorna Wing

Children with Autism (1989), edited by Michael Powers

Circles of Friends (1989) by Robert and Martha Perske

Community-Based Curriculum (1989) by Mary A. Falvey

The Curriculum System: Success as an Educational Outcome (2nd ed., 1992) by Carol Gray

Detecting Your Hidden Allergies (1988) by William G. Crook

Developing a Functional and Logitudinal Plan (1989) by Nancy Dalrymple

Diagnosis and Treatment of Autism (1989), edited by Christopher Gillberg

Disability and the Family (1989) by H. Rutherford Turnbull, III, Ann Turnbull, G. J. Bronicki, Jean Ann Summers, and Constance Roeder-Gordon

The Early Intervention Dictionary (1993) by Jeanine Coleman

Educating All Students in the Mainstream of Regular Education (1989), edited by Susan and William Stainback and Marsha Forest

Emergence: Labeled Autistic (1986)* by Temple Grandin

Enhancing Communication in Individuals with Autism Through the Use of Pictures and Words (1989) by Michelle G. Winner

Estate Planning for Families of Persons with Disabilities by Susan Hartley, John Stewart, and Margo Tesch

Facilitated Communication Technology Guide (1993) by Carol Lee Berger

Functional School Activities (1989, revised) by Barbara Porco

Growing Towards Independence by Learning Functional Skills and Behaviors (1989) by Parbara Porco

Handbook of Autism and Pervasive Developmental Disorders (1987), edited by Donald Cohen, Anne Donnellan, and Rhea Paul

Hearing Equals Behavior (1993) by Guy Berard, M.D.

Helpful Responses to Some of the Behaviors of Individuals with Autism (1992) by Nancy Dalrymple

Helping People with Autism Manage Their Behavior (1990, revised) by Nancy Dalrymple

Holistic Interpretation of Autism (1990) by Cheryl D. Seifert

How They Grow (1981) by the Autism Society of America

How to Qualify for Social Security Disability (1992) by David A. Morton, III, M.D.

How to Teach Autistic and Severely Handicapped Children (1981) by Robert L. Koegel and Laura Schreibman

How to Treat Self-Injurious Behavior (1980) by Judith E. Favell and James W. Greene

Infantile Autism (1964, revised 1986)* by Bernard Rimland

Introduction to Autism: A Self Instruction Module (1992, revised) by the Indiana Resource Center for Autism

Laughing and Loving with Autism (1993)* edited by R. Wayne Gilpin

Learning Self-Care Skills (1991) by Valerie DePalma and Marci Wheeler

Learning to Be Independent and Responsible (1989) by Nancy Dalrymple

Let Community Employment Be the Goal for Individuals with Autism (1992) by Joanne Suomi, Lisa Ruble, and Nancy Dalrymple

Let Me Hear Your Voice (1993)* by Catherine Maurice*Letting Go* (1993)* by Connie Post

Mixed Blessings (1989)* by William and Barbara Christopher

My Autobiography (1986)* by David Miedzianik

News From the Border (1993)* by Jane Taylor McDonnell and Paul McDonnell

Nobody Nowhere (1992)* by Donna Williams

A Parent's Guide to Autism (1993) by Charles A. Hart

Please Don't Say Hello (1976) by Phyllis Teri Gold

The Professional's Guide to Estate Planning for Families of Individuals with Disabilities (1993) by Susan Hartley and John Stewart

Reaching the Autistic Child (1973, reprinted 1993) by Martin A. Kozloff

Reading (1989, revised) by Barbara Porco

Record Book for Individuals with Autism (1990) by Nancy Dalrymple

Relaxation (1978) by Joseph R. Cautela and June Groden

Russell Is Extra Special by Charles Amenta, III* (1992)

Seasons of Love: Seasons of Loss (1992) by Connie Post

Sex Education: Issues for the Person with Autism (1991) by Nancy Dalrymple

The Sibling (1992) by Barbara Azrialy

The Siege (1982) by Clara Claiborne Park*

Silent Words (1992) by Margaret Eastham, edited by Anne Grice

The Social Story Book (1993) by Carol Gray

Solving the Puzzle of Your Hard to Raise Child (1987) by William Crook with Laura Stevens

Somebody Somewhere (1994) by Donna Williams*

Some Interpersonal Social Skill Objectives and Teaching Strategies for People with Autism (1992) by Nancy Dalrymple

Soon Will Come the Light (1994) by Thomas S. McKean*

The Sound of a Miracle (1991) by Annabel Stehli*

Steps to Independence (1989) by Bruce Baker and Alan Brightman

Teaching Developmentally disabled Children: The Me Book (1981) by O. Ivar Lovaas

Theories of Autism (1990) by cheryl D. Seifert

There's a Boy in Here (1992) by Judy Barron and Sean Barron*

Toileting (1991, revised) by Nancy Dalrymple and Margaret Boarman

Toward Supported Employment (1988) by James F. Gardner, Michael S. Chapman, Gary Donaldson, and Solomon G. Jacobson

Turning Every Stone (1990) by Phyllis Haywood Lambert*

The Ultimate Stranger: The Autistic Child (1974) by Carl Delacato

Until Tomorrow: A Family Lives with Autism (1988) by Dorothy Zietz*

When Slow Is Fast Enough (1993) by Joan F. Goodman

When Snow Turns To Rain (1993) by Craig Schulzes*

Winter's Flower (1992) by Ranae Johnson*

The Wild Boy of Aveyron (1976) by Harlan Lane

The Yeast Connection (3rd ed., 18th printing, 1992) by William Crook

醍趨專書與錄影帶

　　想要取得醍趨相關書籍可聯絡 Plenum 出版公司，其地址為 233 Spring Street, New York, 10013-1578 只有自閉症兒童評量量表（Childhood Autism Rating Scale, ARS）得向西方心理服務單位（Western Psychological Services）訂購，其地址為 12031 Wilshire Boulevard, Los Angeles, California 90025，電話為 1-800-648-8857 錄影帶部分可聯絡健康科學財團法人（Health Science Consortium），其地址為 201 Silver Cedar Court, Chapel Hill, North Carolina 27514，聯絡電話為（919）942-8731

專書

Adolescents and Adult Psychoeducational Profile (AAPEP) (vol. IV, 1988) by Gary Mesibov, Eric Schopler, Bruce Schaffer, and Rhoda Landrus

Autism in Adolescents and Adults (1983), edited by Eric Schopler and Gary Mesibov

Behavioral Issues in Autism (1994) by Eric Schopler and Gary B. Mesibov

Childhood Autism Rating Scale (CARS) (1988) by Eric Schopler, Robert J. Reichler, and Barbara Rochen Renner

Communication Problems in Autism (1985), edited by Eric Schopler and Gary Mesibov

Diagnosis and Assessment in Autism (1988), edited by Eric Schopler and Gary Mesibov

The Effects of Autism on the Family (1984), edited by Eric Schopler and Gary Mesibov

High-Functioning Individuals with Autism (1992), edited by Eric Schopler and Gary Mesibov

Learning and Cognition in Autism (1995) by Eric Schopler and Gary B. Mesibov

Neurobiological Issues in Autism (1987), edited by Eric Schopler and Gary Mesibov

Preschool Issues in Autism (1993) by Eric Schopler, Mary Van Bourgondien, and Marie Bristol

Psychoeducational Profile—Revised (PEP-R) (Vol. 1, 1990) by Eric Schopler, Robert Reichler, Ann Bashford, Margaret D. Lansing, and Lee Marcus

Social Behavior in Autism (1986), edited by Eric Schopler and Gary Mesibov

Teaching Activities for Autistic Children (Vol. 3, 1983) by Eric Schopler, Margaret Lansing, and Leslie Waters

Teaching Spontaneous Communication to Autistic and Communication Handicapped Children (1989) by Linda Watson, Catherine Lord, Bruce Schaffer, and Eric Schopler

Teaching Strategies for Parents and Professionals (Vol. 2, 1980) by Eric Schopler, Robert Reichler, and Margaret Lansing

錄影帶

Adolescents and Adults with Autism
Autism Services with Division TEACCH
TEACCH Philosophy
TEACCH Program for Parents
TEACCH Program for Teachers
Training Module for the Childhood Autism Rating Scale (CARS)
    Demonstration Demonstration tape
    Practice tape
Training Module for the Psychoeducational Profile (PEP)
    Scoring the PEP: Training tape
    Scoring the PEP: Test tape
    An Individualized Education Program

國家圖書館出版品預行編目資料

自閉症者家長實戰手冊：危機處理指南／Eric Schopler 編著；
　楊宗仁，張雯婷，江家榮合譯.
　--初版.--臺北市：心理，2003（民 92）
　面；　　公分.--（障礙教育系列；63041）
　含參考書目
　譯自：Parent survival manual：a guide to crisis resolution in autism
　and related developmental disorders
　ISBN 978-957-702-602-6（平裝）

　1.特殊教育　　2.自閉症

529.6　　　　　　　　　　　　　　　　　　　　91010609

障礙教育系列 63041

自閉症者家長實戰手冊：危機處理指南

編　　　者：Eric Schopler
譯　　　者：楊宗仁、張雯婷、江家榮
總 編 輯：林敬堯
發 行 人：洪有義
出 版 者：心理出版社股份有限公司
地　　　址：231 新北市新店區光明街 288 號 7 樓
電　　　話：(02) 29150566
傳　　　真：(02) 29152928
郵撥帳號：19293172　心理出版社股份有限公司
網　　　址：http://www.psy.com.tw
電子信箱：psychoco@ms15.hinet.net
駐美代表：Lisa Wu（lisawu99@optonline.net）
排 版 者：辰皓國際出版製作有限公司
印 刷 者：東縉彩色印刷有限公司
初版一刷：2003 年 7 月
初版七刷：2017 年 2 月
I S B N ：978-957-702-602-6
定　　　價：新台幣 320 元